책과
고양이

(그리고)

나의
이야기

NEKOHASIPODESYABERU
© Hisako Tajiri 2018
All rights reserved.
Original Japanese edition published by Nanarokusha Publishing Co., Ltd.
Tokyo, Japan.
Korean translation rights arranged with Nanarokusha Publishing Co., Ltd.

이 책의 한국어판 저작권은 나나로쿠샤를 통해 저작권자와 독점 계약한
니라이카나이에 있습니다.
저작권법에 의해 한국 내에서 보호를 받는 저작물이므로 무단 전재와
무단 복제를 금합니다.

디거리 허샤크 지음
한정은 옮김

책과
고양이

(그리고)

나의
이야기

디라이
허샤이

개업 인사

작은 서점을 열었습니다.

예를 들어
섬세하게 조각한 유리잔
소박하고 따스한 도자기
단아하고 아름다운 칠기 그릇

하나하나 고를 때
조심스럽게 살며시 집어 듭니다.
마음을 담아 만든 것들이니까요.

한 권의 책을 고를 때도 그러면 좋겠다.
그런 마음으로, 문을 엽니다.

글을 쓰는 사람

그림을 그리는 사람

사진을 찍는 사람

책의 얼굴을 만드는 사람

그것을 한 권의 책으로 만드는 사람들

한 권의 책도 분명히 마음을 담아 만들어지고 있습니다.

정성 들여 팔고 싶어서 많이 들여놓지는 않았습니다.
불편한 서점일지도 모릅니다.
찾는 책이 없을지도 모릅니다.

하지만 여행지에서 우연히 만난 사람이나 풍경처럼
책과 만날 수 있는 서점이고 싶습니다.

장소는 'orange' 옆, '다이다이 서점'입니다.
근처에 오시면, 살며시 들러주세요.

서점지기 올림

차례

동네에 작은 서점이 있다는 것 008

수도꼭지와 눈물샘 019

마침 읽고 싶었던 책 029

뒷골목의 고양이 041

단지 052

머나먼 어딘가로 063

지진 피해지와 말 074

사카구치 교헤이에 대하여 083

술김에 시를 사다 094

찍히지 않은 것 105

끝과 시작 115

키요시로의 기일 124

가게 134

녹슨 함석 144

말 154

자습실 167

축하 176

뒤돌아보다 185

후기 194

이 책에 나오는 책과 잡지 197

동네에 작은 서점이 있다는 것

작은 서점을 꾸리고 있다.

지금도, 이렇게 말할 자신이 없을 만큼 아무것도 모른 채 시작했다. 서점을 열기 전부터 카페를 했는데, 잡화와 책도 팔았다. 좋아해서 둘 다 진열했는데, 잡화와 함께 놓인 책은 답답해 보였다. 그래서 눈에 들어올 때마다 약간 미안한 마음이 들었다.

어린 시절, 여름방학과 겨울방학에는 할머니 댁에 가야 했다. 할머니네 근처에는 상점가가 있었는데, 예전에는 어느 동네에나 있었을 법한 작고 아담한 서점이 입구에 있었다. 그 상점가에 입구나 출구같은 건 없었을지 모르겠지만, 나한테는 그랬다.

　들어가자마자 바로 앞에는 만화 잡지가 표지가 한눈에 들어오게 쌓여 있었다. 《마가렛》와 《리본》에 《소년챔프》. 그리고 선반에 진열된 어른 잡지들. 안으로 좀 더 들어가면, 서가에 단행본과 문고본이 가지런히 늘어서 있었다. 분명히 그림책도 있었을 텐데, 기억이 잘 나지 않는다. 그리 상냥하지 않은 아저씨가 서점을 지키고 있었다. 그 서점의 윤곽을 그리니 할아버지가 매달 쇼가쿠칸의 학습 잡지를 사준 게 기억났다. 좀처럼 책을 사주지 않아서 기뻤을 텐데 까맣게 잊고 있었다.

　여름이 되면 야시장이 열렸다. 5로 끝나는 날 같은 식으로 날짜가 정해져 있었던 것 같다. 야시장이 있는 날은 평소와 달리 늦게까지 문을 여는 가게도 있어서, 밤마실과 평소와 다른 상점가의 모습에 두근두근했다. 달빛. 야시장의 희미한 불빛. 금붕어 건지기 노점, 물풍선 요요 노점, 그리고 서점. 물풍선 요요는 무슨 까닭인지 '봉봉'이라고 불렀다. 여러 가지 색깔과 무늬가 조합된 봉봉이 물 위에 가득 떠 있어서 어떤 걸로 할까 한참 고민했다. 봉봉을 통통 치면서 돌아가곤 했는데, 어느 날 전봇대에 부딪혀 터트린 적이 있다. 흩날리던 물과 함께 즐거움은 자취를 감추고, 손끝에 남은 고무 조각에서는 야시장의 정취도 사라져, 축제가 끝난 후의 쓸쓸함이 밀려들어 괜히 슬펐다.

서점은 설날과 세트였다. 세뱃돈을 꼭 쥐고 향한 곳은 서점이었다. 내 손으로 좋아하는 책을 골라 살 수 있다는 게 더없이 기뻤다. 지금은 설날에도 여러 가게가 문을 열지만, 내가 어릴 때는 문을 닫는 가게가 많았다. 하지만 서점과 장난감 가게는 설날에도 열려 있었다. 세뱃돈을 받지도 않는데, 더구나 서점을 하고 있으면서, 지금도 설날에는 나도 모르게 서점에 간다.

철이 든 무렵부터 뭐든 많은 게 부담스러웠던 것 같다. 매장 전체가 한눈에 들어오는 서점은 마음이 편했다. 아무리 좁아도, 책의 종류가 다양하지 않아도 어린 나에게는 끝없이 펼쳐지는 세계였다. 많으면, 안절부절 어찌할 바를 모른다. 이 책도 있고, 저 책도 있다며 빨리 보라고 재촉하는 것 같아 괴롭다. 그래서 이동도서관도 좋아했다. 차 한 대에 실을 수 있을 정도의 책으로 가득 찬 도서관. 책이 빽빽하게 꽂혀 있는 차 안에 있으면 숨겨진 집 같아서, 거기서 살고 싶을 정도였다. 세상을 한눈에 둘러볼 수 있는 곳. 이동도서관도 작은 서점도 만화나, 잡지, 소설, 시집, 그림책이 아무런 경계 없이 표지를 나란히 하고, 때로는 서로 자리를 양보하며 존재한다. 그런 점도 좋아하는지도 모른다.

할머니댁 근처의 서점은 이제는 없다.

차츰 서점 안쪽부터 책이 줄고 서가의 빈자리가 눈에 띄게 늘더니, 신간은 잡지밖에 들어오지 않았다. 꽂혀 있는 책보다 서가의 빈자리에 신경이 쓰이기 시작하니 쓸쓸한 마음이 들어 발길이 뜸해졌고, 어느샌가 셔터는 더 이상 올라가지 않았다. 서점이 문을 닫은 것과 봉봉이 터진 것을, 언제나 동시에 떠올린다. 아마 같은 추억 상자 안에 담겨 있을 것이다. 물론 그 뒤로도 상점가는 있었던 듯하지만, 기억은 거기서 끊어졌다.

어느 해의 끝자락, 옆 가게가 공실로 나왔다. 그때 하고 있던 카페는 뒷골목의 작은 아케이드에 있었는데, 전쟁이 끝난 뒤 바로 판잣집이 늘어서서 그대로 상점가가 된 곳이라고 들었다. 나가야長屋(여러 세대가 나란히 이어져 외벽을 공유하는 일본식 연립주택—옮긴이) 건축 양식이라 옆 가게와 사이에 둔 벽은 얇았다. 내가 카페를 시작했을 무렵에는 옷가게였는데, 천장이 높고 입구는 통유리인 세련된 곳이었다. 얼마 후, 그 가게는 이전했고 몇 번 다른 가게가 들어섰다. 근처 유흥가에서 일하는 사람들이 입는 옷을 파는 가게였던 적도 있었고, 다이어트 도구가 쭉 늘어선 가게였던 적도 있었다. 새 가게가 들어설 때마다 서점이 딱인데 하는 아쉬운 마음이 들었다.

또 비었네. 그렇게 생각했을 때, 무심코 기억의 셔터를 올려버렸는지도 모른다. 천장까지 닿는 서가를 만들고, 한가운데에 테이블을 두고 책을 놓는다. 반짝거리는 건 싫으니까 낡은 목재가 좋아. 입구에 커다란 책을 진열하고, 책갈피를 만들어야지. 카페와 서점 사이의 얇은 벽에 구멍을 뚫어서 왔다 갔다 할 수 있게 하고. 입구에 종을 달면 누군가 들어오는 걸 알 수 있겠지. 언제부터 생각했는지 스스로도 놀랄 정도로 계속해서 상황이 떠올랐다. 돈은 은행에서 빌리면 되지 않을까. 카페를 시작했을 때의 대출이 남아 있는데도 뻔뻔하게 기대했다. 망상은 멈출 줄 모르고, 집에 가서는 개업 인사를 술술 쓰고 있었다. 건물주와 인테리어 가게, 은행에 연락하고 일주일 뒤에는 서점을 열기로 결정했다. 내가 생각해도 어이없는 무모한 행동이었지만, 시간을 두고 생각했다면 분명히 포기했을 것이다. 서점에서 일해본 적도 없었으니까.

쓸데없이 월세를 낼 여유가 없다는 걸 아는 구면의 인테

리어 가게 사장님은 설 연휴를 쪼개 바로 다음 날부터 공사를 시작하겠다고 했다. 주변 사람들에게 알릴 틈도 없이 공사를 시작해서 벌집을 쑤신 것처럼 난리가 났다. 아무 말 없었잖아, 깜짝 놀랐어. 이런 말을 몇 번이나 들었다. 그럴 때마다 그러니까 막 결정한 거야, 라고 대답했다. 서가를 만들고 사이에 있는 벽에 구멍을 뚫는 일뿐이라 공사는 일주일 정도로 끝났지만, 서가를 채울 책을 주문해야 문을 열 수 있었다. 매일 카페 영업을 마치고 자정을 넘겨가며 책을 골랐다. 더 이상 젊다고 할 수 없는 나이였고, 녹초가 됐는데도 도착한 책을 살피다가 그만 참지 못하고 새벽까지 읽어버린 적도 있다. 책에 홀린 것처럼 시간을 보냈다.

문을 여는 날이 가까워졌을 무렵, 입원 중이던 할머니의 병세가 나빠졌다. 위독하다는 연락이 와서 병원으로 가면, 오늘은 괜찮다는 말을 들은 적이 몇 번 있었다. 어느 날인가, 병실 침대 옆에서 일을 하고 피곤해서 잠이 들었는데, 갑자기 말소리가 들렸다. 히사코, 너 지금 잠들었제? 할머니는 아들이 없는데, 나를 가리켜 여긴 우리 며느리라고 말할 정도로 완전히 정신을 놓았기에 내 이름을 부른 건 오랜만이었다. 있잖아, 위독한 사람이 말을 할 수 있어? 모르겠는데. 위독하니까 가족한테 연락하라고 했는걸. 생각보다 한가롭게 할머니의 머리맡에서 대화를 하는 날이 이어졌다.

며칠 후, 아침부터 할머니의 병세가 급변했다. 불러도 반응이 없는 것 같았지만, 바로 오지 않아도 된다고 해서 저녁에 가기로 했다. 병원에 가는 게 임종을 지키기 위한 준비처럼 느껴져서 마음은 급한데도 발걸음이 잘 떨어지지 않았다. 병원에 도착해 할머니 하고 불러도 아무 대답이 없었다. 할머니의 따듯한 손을 만지는 건 마지막일지도 모르겠다는 생각에 손을 어루만졌다. 할머니의 입원 검사에 동행했을 때, 가만히 할머니의 손을 본 적이 있다. 손가락이 가늘고 길어서 이렇게 예쁜 손이었나, 하고 그제야 깨달았다. 어른이 되고 나서 할머니의 손을 만진 적이 있었나 곰곰이 생각하며, 할머니가 잠들어 있는 동안 어루만지며 한참을 바라보았다.

이젠 손을 잡아도 맞잡아주지 않지만, 할머니의 손은 아직 따듯했다. 그 손을 잡은 채 꾸벅꾸벅 졸았다. 할머니 손을 잡고 잔 건 처음이지, 아마. 그런 생각을 하고 있었다. 밤이 깊어도 별다른 일은 일어나지 않아서 언니가 엄마만 두고 가자고 했다. 왠지 발걸음이 떨어지지 않아 집으로 가지 않고 다시 서점으로 갔다. 조금이나마 병원에서 가까웠고, 뒤숭숭한 마음에 잠을 이루지 못할 것 같아서 일을 하고 있었다. 30분도 채 지나지 않아 전화가 왔다. 바로 병원으로 가. 언니의 떨리는 목소리에 병원으로 급히 달려갔지만, 할머니의 임종을 지키지 못했다. 그래도 작별 인사는 충분히 했다. 오랫동안 멀리 떨어져 있던 엄마가, 홀로, 임종을 지켰다. 할머니의 마지막은, 그걸로 좋았을지도 모른다.

멀리서 무언가가 움직이며 다가왔다. 무슨 일인지 고양이가 쏜살같이 달려왔다. 살집이 있고, 꾀죄죄하고, 손발이 크고, 무척 강해 보이는 레드태비. 애교가 없어 보였는데, 발밑에서 뒹굴뒹굴 어리광을 부렸다. 혹시, 할머니? 순간 그런 생각이 들었다. 하지만 아니야, 그럴 리 없어. 고양이 싫어했으니까. 고개를 저으며 쓰다듬어주었다. 고양이는 한바탕 애교를 부리더니 임무 완료라는 듯이 벌떡 일어나 총총걸음으로 사라졌다. 기운이 없어 보여서 힘을 북돋아주려고 그랬는지도 모르겠다.

하늘을 보니 보름달이 떠 있었다.

이른 아침까지 장례식에 대해 의논하고, 상복을 가지러 가는 길에 잠시 서점에 들렀다. 개업식 초대장의 시안이 들어와 있었다. 문득 할머니는 내가 서점을 연다는 걸 모른 채 떠나셨다는 생각이 들어 한 장 프린트해서 관에 넣기로 했다.

첫 번째 초대장은, 할머니에게. 책은 읽지 않는 사람이었지만.

고양이가 가버린 뒤에 한 방울씩 떨어지기 시작한 비는, 화장이 끝난 후, 화장장의 굴뚝에서 나오는 연기를 바라보고 있을 때 그쳤다.

장례가 끝나고, 다시 개업 준비로 돌아갔다. 주문한 책이 차례차례 도착했고, 재활용 목재로 만든 테이블이 완성되었다. 의자와 책장을 주는 사람이 있었고, 발판 사다리를 알아봐 준 앤틱숍 주인은 개업 축하 선물로 하얀 목각 고양이가 달린 도어벨을 만들어주었다. 그리고 초대장이 도착했다. 먹색의 단정한 글자를 보니 조금 두근거렸다.

문을 연 건 2월의 첫날이 저물 무렵. 문을 열기 직전까지 정리를 하고 있어서, 저녁쯤에는 열 거라고 적당히 둘러대고 있었다. 간신히 정리를 마치고, 개업 선물로 받은 술을 돌리며 손님을 맞이했다. 다들 벽의 구멍이 신기했을 것이다. 카페 쪽과 서점 쪽을 왔다 갔다 하고, 책을 고르고, 술을 마시는 등 편안한 모습이었다. 새벽녘까지 파티는 계속됐다.

　모두 돌아간 뒤, 어스름한 서점 안에서 가지런히 꽂힌 책들을 바라보았다. 잡화 사이에서 답답해 보이던 책들은, 이제 숨통이 트이고 제자리를 찾은 것처럼 보였다. 그렇게 많은 사람이 와서 술을 마셨는데도, 서가는 어디 하나 흐트러지지 않았다. 이렇게 책을 소중히 여기는 손님들이 단골이라는 사실이 자랑스러웠다. 여러 사람의 도움으로 내부는 생각했던 그대로의 서점이 되었다. 하지만 어디까지나 겉모습일 뿐이다. 완전해질 날은, 아마 오지 않을 것이다.

　서가를 채울 책을 혼자 고르고 있으며, 한 권 한 권 고르지 않으면 마음이 편치 않다. 잘 모르는 책은 두지 않는다. 지식도 경험도 충분하지 않다. 게다가 카페도 겸하고 있어서 서점에 신경 쓸 시간은 제한적이다. 신간을 빨리 들여놓는 것조차 마음대로 되지 않는, 불편한 서점이다. 한쪽으로 치우친 큐레이션이라 살 만한 책이 한 권도 없다고 하는 손님도 있을 것이다. 하지만 소중하게 다룰 수 없는 책은 들일 수 없고, 추천할 수 없으니 어쩔 수 없다. 작은 서점의 단점이자 장점이라고 마음을 다잡는다. 읽는 책, 만나는 사람, 경험하는 모든 것이 지금도, 서가를 조금씩 채우고 있다.

서점을 시작한 지 얼마 되지 않았을 무렵, 아직 문을 열기 전에 초등학생 여자아이와 아빠가 앞을 지나갔다. 시간을 가늠하고 다시 왔는지, 문을 열자마자 안으로 들어와 각자 마음에 드는 책을 보기 시작했다. 근처에 다른 서점도 있는데, 고마운 일이었다. 여자아이는 초등학교 4학년 정도로 보였지만, 모든 책에 흥미가 있는지 어른도 생각보다 내켜 하지 않을 법한 책에도 손을 뻗어, 책이 상하지 않도록 조심스럽게 살펴보았다. 그동안 아빠는 딸에게 간섭하지 않고 자기가 볼 책을 고르고 있었지만, 여자아이는 가끔 마음에 든 부분을 아빠에게 보여주었다. 읽으면서 피식 웃기도 하는 모습이 정말 귀여웠다. 기쁜 나머지 책이 좋니?, 하고 물어보았다. 아이는 수줍게 고개를 끄덕였다. 차분히 책을 음미하던 두 사람은 각각 한 권씩 골라 만족스럽게 돌아갔다.

그 두 사람이, 동네 한구석의 작은 서점은 아직 필요한 존재라고 말해준 것 같았다. 기억의 셔터를 올린 건 나지만, 문을 열고 들어오는 건 손님이다.

수도꼭지와 눈물샘

가게를 시작한 지 15년이 되니까 여기저기 문제가 생긴다. 그만큼 사람도 탈이 나고 있을 테니 조심하라는 말을 자주 듣는다.

건물이 뒤틀리고 있는 건지, 입구의 미닫이문은 출입을 거부하는 것마냥 무겁다. 특히 장마철에는 문틀이 습기를 머금고 팽창해서, 열 수 있는 사람이 많지 않다. 보다 못한 손님이 얼마 전에 손을 봐줬다. 보고도 모른 척하는 일이 많지만, 주방 수도꼭지가 헐거운 건 하루 종일 써서 그런지 역시 신경이 쓰인다. 꼭 잠갔는데도 계속 물방울이 똑똑 떨어진다. 잠글 때마다 마지막엔 나도 모르게 너무 힘을 주니까 부러지진 않을까 불안하다. 신경은 쓰이는데 게을러서 내버려두고 있다.

인간도 헐거워진 걸까, 눈물샘이 느슨해졌다. 사람들 앞에서는 아무렇지도 않았던 노래였는데, 운전하며 혼자 듣기 시작한 순간 서서히 감정이 차올라 눈앞이 흐릿해져서 위험했다.

출근길엔 큰 강이 흐르고, 풍부한 신록이 강가를 따라 펼쳐진다. 다리를 건널 때는 특히 그 풍경에 마음을 빼앗긴다. 그 언젠가와 같은 풍경이 아니더라도, 봄날의 벚꽃과 수면에 반사되는 빛, 울창한 신록과 강물에 비친 거리의 불빛이 기억의 조각을 자극한다. 그 기억에 음악이 따라오는 걸지도 모른다.

눈물샘은 책을 설명할 때 느슨해지기도 한다. 특히 단편이 위험하다.

서점을 시작했을 무렵 『무슈 린의 아기』라는 소설을 자주 추천했다. 이야기는 차분하게 흘러가지만, 막바지에 이르러 한순간에 허를 찔린 듯 감정이 요동친다. 하지만 서사를 설명해버리면 안 되는 이야기라 '봄이 슬슬 기지개를 켤 즈음, 기분이 좋아져서 천천히 걷기 시작했는데, 어느샌가 멀리 와버렸고, 퍼뜩 정신을 차리고 멈춘 순간 누군가에게 안긴 것' 같은 소설이라고 설명했다. 이렇게 하면 울지 않고 말할 수 있다.

단편집도 줄거리를 전할 수는 있지만, 그렇게 하면 정작 중요한 것이 전달되지 않는 경우가 있다. 차라리 단편 하나를 소개하는 쪽이 낫다. 하지만 그렇게 하다 보면, 나도 모르게 세세한 내용이 떠올라 우물거릴 때가 있다. 레베카 브라운의 연작 단편집 『몸의 선물』이 그렇다. 몇 번을 시도해도 이야기를 하다 보면 기진맥진해진다. 이 책 전체를 설명하려고 하면, "죽음에 처한 에이즈 환자와 그를 돌보는 간병인의 교류 이야기"가 된다. 삶과 죽음이라든가, 사랑과 절망 같은 이야기라고 여기는 게 싫어서 요약보다는 이야기를 한 편 소개하는 쪽을 택한다. 예를 들어, 이런 이야기다. 첫 번째 단편 「땀의 선물」.

주인공 '나'는 지금 릭이라는 에이즈 환자를 돌보고 있다. 어느 날, 아침을 거른 나는 릭의 아파트 근처에서 시나몬롤과 라테를 산다. 혹시 몰라 릭이 먹을 것도. "매우 엄격한 자연식주의자"라서 먹지 않을 거라고 생각했지만, 릭은 뜻밖에도 환호성을 지른다. 그 가게의 시나몬롤을 무척 좋아해서 예전에는 일요일 아침마다 꼭 사 먹었다고 한다. "제일 좋은 걸 사려고 빵 나오는 시간에 갔거든." 그 뒤로 시나몬롤은 두 사람의 '그거'가 된다. 어느 날 아침, 전화로 '그거'를 먹을 건지 묻자, 릭은 힘차게 "오늘은 필요 없어!"라고 한다. 내가 깜짝 놀랄 만한 일이 있다고 한다. 서둘러 릭의 아파트로 가 보니, 릭은 침대 위에 웅크린 채 고통스러워하고 있었다. 갑자기 몸이 안 좋아졌는지 구급차를 부른 후였다. 릭을 병원으로 보낸 후, 나는 방으로 돌아와 청소를 시작한다. 희미하게 남아 있는 릭의 땀 냄새. 청소는 언제나 부엌에서 시작하지만, 부엌에 들어선 나는 "이게 무슨 소용인가" 하고 뒤돌아서 복도로 나와 마음을 가라앉힌다.

부엌의 테이블에 있던 것은 릭이 좋아하는 머그잔 두 개. 머그잔 위에는 분쇄한 원두가 가득 든 멜리타 드리퍼가 있어서 언제라도 내려 마실 수 있게 되어 있다.

디저트 접시 위 시나몬롤 두 개.

'나'와 우리들은 릭이 해낸 모든 걸 본다. 아픈 몸으로 느릿느릿 시나몬롤을 사러 가는 릭을 본다. '나'를 놀라게 할 계획을 세웠을 릭의 모습을 상상한다. '못하는 걸 하려고 애쓰는 그의 모습을'이라고 쓰는 동안에도 눈물을 글썽이는 꼴이라니. 책의 띠지에 "전국이 눈물바다"라거나 "심금을 울린다"라거나 "깊은 유대감" 같은 문구가 적혀 있으면 백 보 정도 물러선다. 그래서 이 책을 설명할 때는 절대로 울고 싶지 않았는데. 오해하지 않았으면 좋겠는데, 이 소설의 문장은 간결하며 결코 감정적이지 않다. 담담하게 쓰여 있다. 그래서 더 가슴을 울린다.

지금은 시나몬롤을 먹을 때마다 이 이야기를 떠올리게 되었다. 하지만 시나몬롤을 먹을 때마다 울면 꺼림칙한 여자로 보일 테니까, 스치듯 생각만 하고 만다.

음식은 색깔과 형태가 있고, 각기 다른 맛과 냄새가 난다. 씹는 소리도 모두 다르다. 몸의 다양한 기관을 자극하기 때문일까. 책에서 인상 깊었던 음식을 실제로 보게 되면, 그 음식에 얽힌 이야기가 자연스레 떠오른다. 무라카미 하루키의 소설에는 음식이 자주 나온다. 특히 자주 나오는 샌드위치 중에서도 『세계의 끝과 하드보일드 원더랜드』의 오이와 햄 치즈 샌드위치가 자주 생각난다. 기본적인 조합이라 익숙해서 그런 걸까. 그 샌드위치는 완벽한 맛이라고 묘사되어 있다. 게다가 만드는 사람이 젊고 아름답고 뚱뚱한, 핑크색 수트와 핑크 하이힐을 신은 여자다. 오이나 햄 샌드위치를 먹으면, 눈앞에 핑크색 옷을 입은 여자가 나타난다. 매력적인 뚱뚱한 여자. 그리고 내가 먹고 있는 것보다 더 맛있을, 완벽한 샌드위치를 생각한다. 아삭한 오이. 잘 드는 깨끗한 칼로 자른 빵. 이런 상상은 즐거워서 좋다. 하지만 가끔 곤혹스러울 때도 있다. 멜론처럼.

초등학생 때, 무슨 이유에서인지 쥘 르나르의 『홍당무』를 즐겨 읽었다. 빨간 머리에 주근깨투성이로 '홍당무'라고 불린 소년의 이야기. 세계문학전집에 들어있었다. 소년은 친엄마에게 미움을 받지만, 그게 무섭거나 불쌍하다고 느끼진 않았다. 하지만 줄곧 이 책에 신경이 쓰이는 내가, 약간 어두운 아이가 아닐까 싶어 마음이 편치 않기도 했다. 지금은 어린 시절에 느꼈던, 사람들 속에 있을 때의 고독감을 홍당무와 나눠 가졌던 것임을 안다. 고독이라고 해도 딱히 학대를 당한 것도, 미움을 받은 것도 아니었다. 그저, 그 누구도 내 마음을 알아주지 않는다는 불안이 있었던 것 같다. 어른이 되면 자연스럽게 해결될 일이었다.

멜론을 먹을 때마다 떠오르는 건 「토끼」 이야기. 홍당무는 "너도 나처럼 멜론을 싫어하지"라는 엄마의 말에 '그런지도 몰라' 하고 고개를 끄덕인다. 하지만 식사 후, 토끼장에 멜론 껍질을 버리고 오라고 하자, 토끼장 구석에 걸터앉아 조금 남아 있던 달콤한 과육을 갉아먹고 과즙을 마신다. 토끼에게는 껍질만 남은 멜론을 준다. 그래서 아무렇지도 않게 멜론을 잘라 먹을 때마다 홍당무를 배신한 것 같은 기분이 든다.

『홍당무』는 자전적 소설로 알려져 있다. 멜론 이야기가 실제로 있었던 일인지 아닌지는 알 수 없다. 그래도 르나르가 어른이 되어 멜론을 먹었을까 하는 생각이 맴돌았다. 먹었으면 좋겠다고 생각한다. 읽고 난 뒤에 기분이 좋지 않았다고 말하는 사람도 있지만, 아무리 봐도 그렇지 않다. 어린 시절에도, 지금도. 홍당무와 홍당무의 엄마는 저마다 결점이 있고, 서로에 대한 애정이 있지만 잘 표현하지 못하는 사람들처럼 보인다. 확실히 그 애정은 뒤틀려 있고, 서로 상처를 주기도 한다. 하지만 그들을 비난하기보다 이해하는 사람이 많아질수록 이 세상에서 그런 뒤틀림을 줄일 수 있다는 생각이 든다.

어떤 잡지에서 '울음' 특집을 기획했다면서, 눈물이 나는 책을 소개해 달라고 원고 청탁을 한 적이 있다. 어찌 된 일인지 우는 건 몸에 좋다고 한다. 양파를 썰 때 흘리는 눈물과, 감정적일 때 흘린 눈물은 성분이 다르다고 한다. 책은 바로 골랐지만, 좀처럼 쓸 시간이 없어 손을 놓고 있었다. 그러는 사이에 대형 태풍이 왔다. 평소에도 비가 새는 곳이라 좌불안석이었다. 아침이 되어 상태를 확인하러 갔는데, 다행히 비가 샌 곳은 없어 보였다. 하지만 주변 가게들이 대부분 문을 닫은 터라 영업을 포기하고 집으로 돌아와 원고를 쓰기로 했다. 내용 확인을 할 수도 있겠다 싶어 가져온 책을 늘어 놓고 있으니, 좀처럼 쉬는 날이 없으니까, 마치 태풍 덕분에 학교에 안 가고 책을 읽고 있는 기분이 들었다. 신이 나서 팔랑팔랑 책장을 넘길 뿐인데,

원고를 쓰는 것보다 읽는 시간이 더 길었다. 오랜 세월 함께한, 찻집을 운영하는 부부의 모습을 담은 사진집 『아사쿠사 젠자이』. 맞잡은 주름투성이 손과 서로 기댄, 버썩 말라 힘줄이 도드라진 목을 보니 두 사람이 살아온 세월이 떠올라 눈물이 어렸다. 『소네자키신주』의 결말만 확인하려고 했는데, 처음부터 끝까지 다 읽어버리고, 오하쓰와 도쿠베가 죽음을 향해 가는 장면의 아름다움에 눈물을 흘렸다. 우는 일에 대한 글을 쓰려고 했는데, 내가 울고 난 뒤에 개운해하고 있다. 역시 인간은 울어야 하는 존재인지도 모르겠다.

이 글을 한창 쓰다가 멈출 수밖에 없었다. 멈춤의 시간은 예상보다 길어졌다. 큰 지진이 일어났기 때문이다. 아무 일도 없었던 것처럼 그대로 이어 쓸 수는 없을 것 같아서 처음부터 다시 쓸까 했지만, 지금의 감정을 잊고 싶지 않아서 그대로 이어서 쓰기로 했다. 상태가 썩 좋지 않았던 서점 안은, 지진으로 완전히 아수라장이었다. 카페 쪽 미닫이문은 결국 열 수 없게 되었다. 바닥에 널브러진 책들은, 서점을 열었을 때 가지런했던 서가와 대조적이었다. 넘어진 장식장 틀에서 빠져나와 서점에서 나가려고 하는데, 유리 파편과 민트 시럽으로 범벅된 신발로 책을 밟아버렸다. 조금만 더 신경 썼다면 피할 수 있었을 텐데, 그럴 기운이 없었다. 책을 밟은 내가 너무 싫었다. 하지만 공포로 가득찬 마음이 더 강해서, 눈물은 나오지 않았다. 놀라서 어찌 할 바를 모를 때, 사람은 생각보다 잘 울지 않는지도 모른다. 첫 번째 지진도 꽤 흔들렸는데, 사흘째 되는 날 본진으로 여겨지는 두 번째 지진이 일어나 서점 안은 다시 엉망이 되었다. 하지만 건물은 무너지지 않았고, 다친 데도 없으니 진원지와 가까운 지역의 사람들에 비하면 이 정도는 아무것도 아니라며 스스로를 다독였다. 고칠 수 있는 건 고치면 돼, 어질러진 건 치우면 돼.

공포에도, 슬픔에도 울지 않았다. 하지만 눈물은 매일 흐른다. 흔들림 속에서 끊임없이 이어지는 격려와 걱정의 목소리. 가까운 사람, 멀리 사는 친구, 서점의 홈페이지에 남겨진 알지 못하는 사람의 메시지. 이름도 몰랐던 손님이 보낸 편지. 자기 집도 아직 정리하지 못했으면서 도와주러 온 사람. 상한 책을 사겠다고 말해준 손님. 빨리 오고 싶었다고 말하며, 다시 문을 연 서점에 들어서자마자 울어버린 단골손님.

슬퍼서 흘린 눈물, 분해서 흘린 눈물, 이유를 알 수 없는 눈물, 이별의 눈물. 여러 가지 눈물을 흘려봤지만, 요즘 흘린 눈물은 기쁨의 눈물뿐이다. 어쩌면 평생 쓸 기쁨의 눈물을 지금 다 써버리고 있는지도 모르겠다.

눈물샘은, 느슨해지는 게 아니다. 흔히 나이 들어 눈물이 많아졌다며 노화현상처럼 말하지만, 우는 근력이 붙는 거라고 생각하고 싶다. 책을 읽고, 영화를 본다. 누군가를 만나고, 이야기를 나눈다. 설령 끔찍한 일을 겪었다 해도, 사람은 반드시 무언가를 얻는다. 경험은 상상력을 더해주고, 눈물이 나는 순간도 하루하루 늘고 있는지도 모른다.

출근길에 있는 큰 강은, 지진 직후 흙탕물로 변했다.
동일본 대지진이 일어나고 얼마 후, 이 강가 둔치에도 여느 때처럼 벚꽃이 피었다. 이런 때에도 벚꽃이 피는구나 싶어 눈물이 났다. 내년 봄, 이 둔치에 여느 해처럼 벚꽃이 피는 걸 본다면, 분명히 나는 또 울 거란 생각이 들었다.

마침 읽고 싶었던 책

　책을 전혀 읽지 않는 날은 거의 없다. 술에 취해 돌아와서도 읽는다. 정신이 있는 한.

　책 한 권을 다 읽을 때까지 한눈팔지 않고 쭉 읽는 사람이 있는가 하면, 몇 권씩 병렬해서 이것저것 읽는 사람도 있다. 나는 병렬해서 읽는 쪽이다. 손님들에게 어느 쪽인지 물어보니, 많이 읽는 사람은 병렬형이 많은 것 같았다. 서점을 시작한 뒤로, 읽는 책이 점점 늘어나 몇 권을 읽고 있는지 파악하기 어려워졌다. 아마 열 권 이상일 것이다. 전혀 손대지 않은 책도 쌓여 있으니, 읽다 만 책은 더 늘어날 것이다.

　책을 읽는 즐거움은 어떤 걸 읽을지 고르는 데서 시작한다. 읽기 시작한 뒤에도, 내키지 않으면 바로 다른 책을 읽는다. 차분하게 읽을 때는 대여섯 권을 준비해서 번갈아 읽는다. 가끔 그 어떤 책도 손에 잡히지 않을 때도 있다. 그럴 땐 이렇게 읽지 않은 책이 많은데 하면서도 이미 읽은 책을 다시 읽게 된다.

아침을 먹으면서 읽는 책은, 뒷이야기가 궁금해서 끝까지 읽느라 나가지 못하게 되면 곤란하니까, 장편소설은 피한다. 욕조에서 읽는 책은, 젖을 수도 있으니까 욕실용으로 정하고 욕실에 비치. 잘 때는 무거운 건 싫으니까 문고본. 이러다 보면, 집 안 곳곳에 읽다 만 책이 어지럽게 흩어진다.

그날의 기분이나 몸 상태, 날씨에 따라 읽고 싶은 책은 달라진다. 같은 책을 쭉 읽을 수 있는 사람이 부럽다. 쌓여 있는 책이 한 권씩 깔끔하게 줄어드는 건, 분명히 기분 좋은 일일 것이다. 먹고 싶은 건 날마다 다른데, 왜 읽고 싶은 책은 달라지지 않는 걸까. 매일 같은 걸 먹어도 괜찮은 사람도 있으니까, 그런 사람과 비슷할지도. 그렇게 생각하니, 의외로 언제 읽어도 기분이 좋아지는 책도 있다. 매일 먹어도 맛있는 된장국처럼.

밖에서 읽을 책은, 실패하면 바꿀 수 없으니까 꽤 진지하게 고른다. 갖고 나온 책이 잘 읽히지 않아서 병원 등에서 차례를 기다릴 때 읽을 책이 없는 상황이 되면 나 자신이 상당히 원망스럽다. 그럼 전자책을 읽으면 되지 않냐고 하는 사람들도 있겠지만, 종이책이 아니면 즐겁게 읽지 못하는 체질이라 어쩔 수 없다. 지금 쓰고 있는 이 글 또한 매번 프린트해서 퇴고하고 싶을 정도지만, 쓸데없이 종이를 낭비하고 싶지 않아서 참고 있다.

다케다 유리코의 수필집 『말의 식탁』에서 제일 좋아하는 글은 첫 번째로 나오는 「비파」다. 유리코 씨가 비파를 먹고 있는데 남편 다이쥰이 와서 자기도 달라고 한다. 생선회처럼 얇게 저며 준 비파를, 입에 넣는 것조차 버거운 듯이, 늙은 남편은 떨리는 손가락으로 억지로 집어넣고 잇몸으로 우물우물 씹는다.

마침 이런 맛이 나는 걸 먹고 싶었거든. 그게 뭔지 생각이 안 나서 괜히 왔다 갔다 하며 답답했는데, 비파였네.

마침 먹고 싶었던 걸 먹고 있으면, 유리코 씨는 그 식탁으로 되돌아간다. 남편과의 추억으로. 자기만 남겨진 것이 이상해서, 문득, 주위를 둘러보게 된다. 유리코 씨는 이렇게 이어 쓴다.

어쩌면 그때, 비파를 먹고 있었지만, 그 사람의 손가락과 손도 먹어버린 걸까.

그런 기분이 듭니다.

유리코 씨가 그랬으면 좋았을 텐데, 하고 중얼거린 듯한 기분이 들어서 가슴이 두근거린다. 남편 다이준을 향한 애정을 보란 듯이 내비친 것 같아서.

딴소리지만, '마침 먹고 싶었던 걸'이라고 쓴 부분에서 이 이야기를 떠올렸다. 먹고 싶은 게 뭔지 잘 모르겠어서 자주 갈팡질팡한다. 게다가 먹는 데 큰 관심이 없어서 적당히 고른 것을 먹고 자기혐오에 빠질 때도 자주 있다. 아무래도 마침 먹고 싶은 것보다 마침 읽고 싶은 것을 진지하게 생각하는 편 같다. 마침 오늘 읽고 싶었던 책을 읽으면 기분이 좋다. 비파를 먹었을 때의 다이준 씨처럼. 그리고 그가 비파에 연이어 손을 뻗은 것처럼, 자꾸 읽다 보니 늦은 시간까지 깨어 있어서 기분은 좋지만 늦잠을 자버린다.

멀리 외출했을 때, 문고본 한 권만 가져간 적이 있다. 일을 하러 갔었고, 저녁 약속이 있어서 책을 읽을 틈이 없을 거라고 생각했다. 그런데 저녁을 먹으며 술을 많이 마셔서 예상보다 빨리 호텔로 돌아오게 되었다. 잠깐 누워 있으니 생각보다 빨리 술이 깨서 가져온 책을 읽기 시작했다. '하와이'가 원래는 '하와이이'라는 걸 가르쳐 준 이케자와 나쓰키의 『카이마나 힐라의 집』. 카이마나 힐라는 하와이이어로 다이아몬드 헤드를 뜻한다. 서정 넘치는 사진이 이야기로 이어져, 읽다 보면 여기에 있는데 없는 것 같은 느낌이 든다. 부서지는 파도나 빛, 해 질 녘 파도치는 해변의 사진이 행간에 내재된 상상력을 더욱 자극해서 나를 어딘가로 데려간다. 좀처럼 호텔에 묵지 않으니까 완전히 여행 기분에 들떠서 앉은자리에서 다 읽어버렸다. 현실로 돌아오니, 시간이 있는데 책이 없다는 게 왠지 손해 보는 기분이라 책을 찾으러 나갔다. 그렇게 큰 도시도 아니고, 잘 모르는 지역이라 편의점밖에 찾지 못했다. 이럴 땐 잡지라도 괜찮지 하는 마음으로 들어갔다. 어쨌든 읽을 수만 있다면 된다는 마음으로 읽을거리를 찾았지만, 그 편의점은 서적 코너가 작고 아무리 봐도 살 만한 책이 한 권도 없었다. 포기하고 호텔로 돌아와 방에 뭔가 없을까 찾아보니 〈성경〉이 있었다. 그러고 보니 〈성경〉을 제대로 읽은 적이 없어서 좋은 기회잖아 하며 읽어봤다. 그러나 글자는 작고, 술이 들어간 몸으로는 좀처럼 집중이 되지 않았다. 한동안 읽다가 포기했지만, 아직 잠은 오지 않았다. 문득, 오늘 만났던 분에게 쓸 감사 편지의 초안을 써봤다. 마음이 차분해졌다. 그때 그저 활자 중독이 아닐까 하는 생각이 들었다. 너무 읽고 싶어서, 글자를 눈으로 좇고 있을 뿐인데도 마음이 놓인 것이다.

일기를 쓰는 것도 아닌데, 그때 그 책을 읽고 있었지, 하고 기억이 날 때가 있다. 책과 기억은 이어져 있다. 『카이마나 힐라의 집』을 보면, 호텔 객실에서 보낸 시간이 떠오른다. 음악을 들으면 기억이 되살아나는 일이 있듯이, 책 제목에서 추억이 떠오를 때도 있다.

얼마 전에 읽을 책을 고르다가 크게 실패했다. 구마모토에 큰 지진이 일어났을 때의 일이다. 방도, 서점도 엉망진창 그대로 둔 채 고양이를 데리고 허둥지둥 친구 집으로 며칠 피난을 갔다. 여진이 잦아서 불안했고, 분명히 잠을 이루지 못할 테니 한 권 정도 갖고 가야겠다는 생각에 순간적으로 가방에 집어넣었다. 문고본에 두껍다는 이유만으로 고른 책이었다. 단행본은 짐이 되고, 얇으면 금방 읽어버릴 거라고 생각했다. 방에 들어갈 때마다 흔들리니 무서워서 천천히 고를 수 없었다.

하지만 밤이 되자 아무리 그래도 이건 아니란 생각에 자책했다. 소련 종군 여성들의 목소리를 모은 『전쟁은 여자의 얼굴을 하지 않았다』. 평소에는 이런 책을 읽어도 아무렇지도 않다. 수용소가 나오든, 전쟁 체험을 이야기하든 얼마든지 읽을 수 있다. 감정적으로 괴롭다고 생각하기보다는 알고 싶다는 욕구가 더 크다. 하지만 그때는 읽기 힘들었다. 마음도 몸도 피폐했다. 그런 상황에서 소녀라고 해도 좋을 정도의 병사가 부상병의 절단된 피투성이 다리를 옮기거나, 굶주린 채 행군하는 이야기가 읽힐 리 없다.

하지만 애당초 그 어떤 책을 갖고 갔어도 읽지 못했을 것이다. 지진이 일어난 뒤로 식욕을 거의 느끼지 못했다. 아마, 몸이 더 이상 아무것도 느끼지 않으려고 닫혀 있었던 것 같다. 그럴 때, 책은 읽을 수 없다.

책을 읽을 수 있게 된 건, 일주일 정도 지나고 나서였다. 물론 식욕은 더 빨리 돌아왔다. 환경적으로도, 심리적으로도 일상에 가까워져서 약간 마음이 놓였다. 손님들도 그런 것 같았다. 다들 일상으로 돌아왔다고 느낀 건, 하지 않아도 생활에는 지장이 없는 일을 할 수 있었을 때였다고 말했다. 늘 다니던 가게에 간다. 책을 읽는다. 영화를 본다. 술을 마신다. 인스

턴트가 아닌 정성 들여 내린 커피를 마신다. 하지 않아도 된다고 여겼던 일이 사람을 살게 한다. 손님들도 저마다 그런 것을 말했다.

피난 중에 『전쟁은 여자의 얼굴을 하지 않았다』를 읽지는 않았지만, 곁에 있었던 이 책을 보면 그때를 다시 떠올리게 되는 것 같다.

나 자신도 뭘 읽고 싶은지 모를 때가 있는데도, 손님이 책을 추천해달라고 할 때가 있다. 뭐라도 힌트를 얻으려고 하지만, 작은 서점이고 구비된 책이 한쪽으로 치우쳐 있어서, 그 사람에게 맞는 책을 추천하고 있는지 불안하다. 소중한 사람에게 선물할 책을 골라달라고 할 때는 막중한 책임감을 느끼니까. 선물이라고 하니 생각나는 일. 어떤 젊은 남성이 "읽고 나면 애달퍼지는 책"을 여자에게 주고 싶으니까 추천해달라고 한 적이 있다. 애달프게 해서 어쩌려는 걸까 싶었지만, 그 뒤로 어떻게 됐는지는 모른다. 책을 줬을까? 적어도 건네주기라도 했으면 좋겠다.

단골손님은 "오늘 뭐가 괜찮아요?" 하고 채소가게에서 채소를 사는 것처럼 책을 사주신다. 단골손님이라면 취향도 알고 있고, 이야기를 나누면 어떤 기분인지도 짐작할 수 있어서 추천하는 게 그리 어렵지 않다. 가끔 추천해달란 말이 없었는데 추천할 때도 있다. 신간이 들어오면, 틀림없이 그 사람이 기뻐할 거야, 하고 생각나기 때문이다.

    지진 후, 다시 문을 열자마자 책을 골라주면 좋겠다고 한 사람이 많았다. 사람에 따라 다른 책을 추천했지만, 몇 번이고 골랐던 책이 있다. 화가 마키노 이사오의 그림 에세이 『나는 태양을 삼킨다』. 책을 추천해달라고 할 때마다 이야기를 듣고 어떤 게 좋을지 궁리했는데도, 이 책이 떠오를 때가 많았다. 읽은 지 얼마 안 된 책이기도 했지만, 그래서 그런 것만은 아니다. 지진으로 긴장한 마음과 몸을 편안하게 하고 싶었던 건 아니었을까. 표지는 책과 같은 작품명의 〈나는 태양을 삼킨다〉라는 마키노 씨의 그림. 태양이 입안에 있는 남자의 그림. 매일 아침 산책에서 태양을 먹듯 입을 크게 벌리고 하는 심호흡. 표지 그림 설명에 마키노 씨가 그림을 그릴 때의 준비라고 쓰여 있었다. 머릿속 한구석에서는 지금은 심호흡할 때라고 생각하고 있었을지도 모르겠다.

    첫 번째 글은 「나의 그림을 위해서」다. 그리고 이렇게 이어진다.

그래, 너, 하루 종일 집에서 캔버스를 마주하고 있었더니, 호-호-, 보리새우가 산 위의 태양, 라쿠간(곡물과 설탕으로 만든 전통 과자—옮긴이), 당근, 부추야.

이 한 줄로 왠지 마음과 몸이 풀어진다. 먼저 힘을 빼고 화가의 눈으로 본 풍경을 응시하며 계절의 변화를 상상한다. 모기향에, 목욕 후의 삶은 풋콩과 맥주. 추운 겨울날, 하얀 입김을 토해내면서 작은 냄비에 찻물로 끓이는 죽. 그런 일상이 얼마나 풍요로운 것인지 지금은 뼈저리게 안다.

하얀 숨결을 보기 위해서만 보는 것.

글 사이에 자리한 그림도 본다. 나무나 집이 있다. 사람이 있다. 그 나무나 집에 이르는 길을 상상한다. 동시에 내 안에 있는 풍경도 새겨본다. 갑자기 감정이 밀려오기도 하고, 차분하게 가라앉기도 한다.

「흔들리는 술잔」이란 글이 있다. 날짜는 2011년 4월 9일. "여진이 끊이지 않는 도쿄에서"라고 쓰여 있다. "괴로운 밤, 방의 전등을 <u>끄</u>고 캄캄한 곳에 촛불 하나 켜고 술을 마신다"는 한 줄로 시작한다. 한 페이지뿐인 짧은 글. 촛불의 불빛이 아늑한 곳으로 데려가는 모습을 그린다. 너울너울 흔들리는 불빛 같은 글이다.

지진이 일어난 후에 취재차 먼 곳에서 온, 구마모토에 머무는 동안 매일 왔던 손님이 있다. 구마모토가 고향이라서 이재민의 심정도 잘 안다고 했다. 머리로는 감정에 휘둘리지 않고 일에 집중해야 된다는 걸 알고 있지만, 그런 마음을 떠안고 있는 건 젊은 그녀에게는 괴로워 보였다. 책 한 권을 사서 우리 서점에서 조금 읽기도 하고, 호텔에 돌아가서 읽기도 했다. 다 읽으면 또 한 권을 샀다. 매일 집에 가는 것처럼 서점에 왔다. 며칠째였을까, 그녀가 약간 무기력하게 있던 날 책을 골라달라고 했다. 그때『나는 태양을 삼킨다』를 추천했다. 다음 날, 기분에 잘 맞는 책이었다며 생긋 웃었다. 이럴 때, 서점을 계속해도 좋다는 말을 들은 것 같은 기분이 든다. 그리고 마키노 씨와 책을 만들어준 사람들에게 감사한다.

마지막에 잠깐 고향에 다녀올 수 있게 되었다며 본가에 다녀온 그녀가 구마모토를 떠나는 날 잠시 들렀다. 안으로 들어오지 않길래 지나는 길인가 싶었는데, 다녀오겠다는 인사를 하러 왔다고 했다.

그러고 보니, 서점을 시작하고 나서부터 계속 배웅만 한다. 다시 이렇게 뒷모습을 바라보는 날이 시작되었다.

잘 갔다 와, 라고 말할 수 있게 되었다.

그녀도 언젠가 이 책이 눈에 띄었을 때, 이 며칠간의 일을 떠올리곤 할까.

뒷골목의 고양이

 읽고 있는 신문 위에 고양이가 앉는다. 전단지라도 상관하지 않는다. 그 위에서 뒹굴거나 털 고르기를 한다. 그렇다고 고양이들이 신문이나 전단지를 특별히 좋아하는 건 아니다. 개중에는 신문이 좋아서 어쩔 줄 모른다는 고양이도 있을지 모르겠지만, 대부분의 고양이는 그렇지 않다. 올라타는 건 책이나 노트북, 뭣하면 휴대폰이어도 상관없다. 공통점은, 고양이의 동거인이 거기에 집중하고 있다는 것이다. 그러니까 방해하는 것이다. 그런 시시한 거 말고 나를 봐, 예뻐해주라고 한다. 고양이와 사는 사람은 모두 안다.
 집에 친구 대여섯 명이 놀러왔을 때의 일. 밖에서 밥을 먹고 와서 마실 것만 준비해 마시려고 할 때, 같이 살고 있는 네 마리 가운데 제일 큰 코테츠가 신이 나서 테이블 한가운데에서 뒹굴었다. 나를 술안주로 삼으라는 듯 벌렁 드러누워 배를 까고. 몸집이 클뿐만 아니라, 가장 어리광쟁이라 쓰다듬어주기만 한다면 아무나 괜찮은 것이다. 모두 자기를 쓰다듬어주길 바랐을 것이다. 고양이와 함께 사는 사람은 좀처럼 고양이를 혼내지 못한다. 혼낸다기보다는 죄송하지만, 그만두시면 안 될까요, 하고 간청한다.

작가는 고양이를 좋아하는 사람이 많다고들 한다. 그림 그리는 사람도, 글 쓰는 사람도 집에 있는 시간이 많기 때문일지도 모르겠다. 게다가 고양이도 작가도 자유로운 걸 좋아한다. 서로 신경 쓰지 않는 듯하지만, 어쩐지 곁에 있다는 거리감이 작가들에겐 딱 좋을지도 모른다. 물론, 개를 좋아하는 작가도 있다. 나 또한 고양이뿐만 아니라 개, 새, 날다람쥐도 좋아한다. 어린 시절에는 아파트 단지에 살아서 작은 새밖에 키울 수 없었다. 길을 잃고 헤매는 문조였는데, 손바닥에 올라와 물을 먹을 정도로 나를 잘 따랐다. 초등학생 때는 새끼 고양이를 주운 적이 있다. 하지만 아파트에서 고양이를 키울 수 없다는 걸 알고 있어서, 빈집 마당에서 몰래 돌봐주던 사이에 어디론가

가버리고 말았다. 고양이를 돌보기 위해서였다고 하지만, 지금 생각하면 남의 집에 함부로 들락날락했던 셈이다.

고양이만큼 질리지 않는 동물은 없는 것 같다. 이 또한 작가에게 사랑받는 이유일지도 모른다. 만약 내가 그림을 그리는 게 특기였다면, 질리지 않고 고양이 그림을 그렸을 것이다. 그러나 안타깝게도 그림을 잘 그리는 재주는 전혀 없어서 그저 바라보기만 할 뿐이다. 집에 고양이가 네 마리나 있는데도, 밖에서 고양이와 마주치면 나도 모르게 넋을 잃고 쳐다본다. 담벼락 위, 자동차 위, 공원의 벤치. 우연히 마주친다기보다는 무의식적으로 찾고 있는지도 모른다. 하지만 펫숍의 고양이만큼은 보고 싶지 않다. 그렇게 좁은 우리 안에, 새끼 고양이라고 말하기 어려울 만큼 커져서, 팔리지 않고 남아 있는 고양이를 보면 사죄하고 싶어진다. 사람이 잘못했다고. 닥치는 대로 꺼내주고 싶지만, 그럴 만한 재력도 주변머리도 없어서 보고도 못 본 척할 수밖에 없다. 애당초 동물을 돈과 교환한다는 행위 자체가 이해가 되지 않는다.

집에 가서도 고양이를 본다. 보려고 해서 보는 건 아니지만, 아무튼 좁은 집에 네 마리나 있어서 뭘 하고 있어도 시야에 들어온다.

지금도 노트북 옆에서 커다란 몸을 들썩이는 고양이가 있다. 꿈을 꾸는지 때때로 몸을 움찔거리며 야단법석이다. 먹는 꿈을 자주 꾸는지 입을 오물거릴 때도 있다. 일자 앞머리 같은 무늬라서 후지타 쓰구하루(일자로 반듯하게 자른 앞머리로 유명한 화가—옮긴이)의 이름을 따 '후지타'라는 이름을 붙였다. 하지만 일부러 멋쟁이에게서 따온 이름을 붙였는데도, 살이 찌고 쓰치노코(몸길이가 매우 짧은 뱀 같은 모습이라고 알려진 미확인 생명체—옮긴이) 같은 모습이라 지금은 '폰짱'이라고 부른다. 언제나 짧은 꼬리를 힘차게 흔드는데, 특히 먹을 때는 더 크게 흔든다. 짧은 꼬리를 빙빙 돌리며 먹는다.

고양이는 꼬리로 말한다. 털이 난 방향과 반대로 쓰다듬거나, 귓가에 대고 큰소리를 내면 짜증이 나서 탁탁탁 꼬리를 치듯 흔든다. 내버려 둬, 라고 말하는 것이다. 자고 있을 때 이름을 부르면, 귀찮으니까 꼬리로만 대답한다. 네네~, 하는 느낌이겠지. 기분이 좋을 때는 꼬리를 위로 꼿꼿하게 세운다. 어리광을 부리고 싶을 때는 저기 있잖아, 하면서 긴 꼬리를 사람의 몸에 찰싹 갖다 붙인다.

가끔 사람한테도 꼬리가 있으면 좋겠다는 생각을 한다. 꼬리로 말할 수 있다면, 어쩌면 말을 하는 것보다 의사소통이 편할지도 모른다. 생각을 말로 바꾸는 건 몇십 년을 살아도 너무 어렵다. 잘 못하고 있다는 생각이 든다. 꼬리를 살랑살랑 흔들고 있는 고양이의 감정이 더 분명하다.

    예전에 빌렸던 주차장은 유흥가 끝자락에 있었다. 어떻게 가도 유흥가 앞을 지나갈 수밖에 없는 자리였다. 매일 그 앞을 지나다 보니 유흥업소 안이 어떻게 되어 있는지 궁금했다. 그렇다고 안으로 들어갈 수는 없는 노릇이다. 일을 한다고 해도, 나이가 있으니 청소나 호객 외에는 달리 방법이 없을 것이다. 할 생각도 없는 일을 망상하고, 힐끔거리며 지나다니는 동안 고양이가 자주 눈에 들어왔다. 유흥가는 대체로 뒷골목에 있기 마련이라 고양이가 많다. 그 거리에는 유흥주점이 몇 군데 있었는데, 호객을 하는 사람들은 모두 고양이를 좋아했다. 고양이들은 밥을 얻어먹는 것 같았고, 주변을 어슬렁거리다가 넉살 좋은 녀석은 귀여움을 받기도 했다. 나란히 서서 호객하는 고양이도 있을 정도다. 얌전히 앉아서 나란히 호객을 하는 고양이는 '초비'라고 불리는 흰검고양이로, 양말 신은 고양이였다. 꼬리의 끝만 아주 조금 하얘서 무척 귀여웠다. 설날에 가게 앞에 동그마니 앉아 있는 걸 보고, 다행히 주변에 아무도 없어서 초비, 하고 차 안에서 불러봤다. 어디서 부르는지 몰라서 두리번거리는 초비에게 설날부터 마네키네코(복을 부르는 고양이—옮긴이)를 하고 있다니 기특하네, 하고 헤어졌다. 물론, 우리집 고양이들은 집에서 뒹굴거리는 게으른 설날이었다.

호객을 하는 사람들은 고양이뿐만 아니라 사람에게도 친절하다. 어느 날, 주차를 하고 서점으로 걸어가는데, 호객을 하는 사람이 말을 걸었다. 약간 경계했는데, "그쪽 자동차, 하얀색 경차죠?"라고 물어봐 맞다고 대답하니, "조수석 쪽 브레이크 등 나갔어요. 확인해 봐요"라고 알려주었다.

네 마리 중 하얀 고양이만 같이 서점으로 출근할 때가 있다. 퇴근길에 고양이를 데리고 주차장까지 걸어가면, 호객하는 사람들이 일은 제쳐두고 "좀 보여줘!"라고 말을 걸기도 했다. 그렇게 고양이를 키우고 있는 게 알려졌다. "고양이 키우는 누님 아닌가" 하고 알은척을 할 때도 있었다.

일하던 중에 컨디션이 나빠졌던 적이 있다. 도저히 참을 수가 없어서 누워 있었지만, 상태가 점점 나빠져 병원에 가려고 했다. 걷는 게 힘들어 운전은 할 수 있을지도 모른다는 생각에 그만 차에 시동을 걸었다. 그때는 서점 앞 주차장을 이용하고 있었다. 수십 미터만 나가면 번화가인 아케이드를 빠져나가는 길이 나오는데, 마침 아케이드의 가운데를 가로지르는 지점에서 정신이 아득해졌다. 이러다 큰일 나겠다는 생각에 어떻게든 빠져나와 갓길에 차를 세웠는데, 유흥가 골목의 입구를 지나 바로 앞이었다. 핸들에 엎드려 있는데 호객을 하는 사람이 "괜찮나? 앰뷸런스 부를까?" 하고 말을 걸었다. 고개를 들자 "아~ 고양이 누님 아이가. 괜찮나?" 했다. 정신이 아득해지는 와중에도 이 사람은 간사이 출신인가 하는 생각이 어렴풋이 들었다. 다행히 운전을 해줄 사람을 불러 무사히 병원에 갔다. 이렇게 뒷골목에서는 사람과 사람 사이의 거리가 가깝다. 가까우면 성가신 일도 있을지 모르겠지만, 그런 일까지 포함해 뒷골목이 좋다.

고양이도 분명 그럴 것이다. 뒷골목을 좋아하는 사람은 고양이를 좋아하는 사람이 많은 것 같다. 사정이 있어 뒷골목에 있는 사람도 고양이를 좋아한다. 그리고 고양이는 뒷골목에서 살아가는 사람을 좋아하는지도 모른다.

대리운전 기사들은 대부분 뒷골목에서 대기한다. 가끔 이용하는 대리운전 기사는 부부다. 그들도 고양이를 좋아한다. 서점 앞까지 이동가방을 갖고 온다. 고양이를 데려오지 않으면, 집에도 고양이들이 많이 있는 것 같은데, "오늘은 고양이가 집을 지키나요?" 하고 약간 실망한 기색이다. 운전하는 동안에도 고양이가 울면 "이제 다 왔어~" 하고 달랜다. 주차장으로 손님을 마중 나갔다가 자판기 밑에서 울고 있는 새끼 고양이를 구조한 적도 있다고 한다. 새벽 2시든, 새벽녘에 참새가 지저귀기 시작할 즈음이든 언제나 싱글벙글 웃으며 대한다. 그리고 기르고 있는 고양이 이야기를 신이 나서 들려준다.

서점도 뒷골목에 있다. 이 골목은 전쟁이 끝나고 바로 판잣집이 늘어서, 그대로 작은 상점가가 됐다고 한다. 차도 다닐 수 없을 만큼 좁은 골목인데, 어쨌든 아케이드가 있다. 좋게 말해, 파리의 파사주 같은 곳이다. 이 길을 고등학생일 때부터 자주 다녔다. 그 시절엔 설마 내가 여기서 서점을 하게 될 거라곤 꿈에도 생각지 않았다.

골목이 있다는 걸 모르는 사람도 많아서 오가는 사람은 그리 많지 않다. 그래서일까, 사람이 아닌 것도 다닌다. 족제비가 달음박질친 적도 있다. 산에서 쫓겨난 족제비와 너구리는 눈에 잘 띄지 않지만, 거리에도 꽤 있다. 서점 안에 족제비가 들어와서 곤란했던 적도 있다. 인근 가게도 피해를 입었다. 고충은 있지만, 먼저 피해를 입은 건 족제비와 너구리다. 인간에게

서식지를 차츰차츰 빼앗기고 있다.

문 열 준비를 하고 있는데, 눈가에 하얀 무언가가 스친 적이 있다. 돌아봤지만 아무것도 보이지 않았다. 기분 탓인가 하고 청소를 이어가는데, 다시 눈에 들어온 하얀 것. 뭔가 싶어 출입문을 열자 작고 하얀 뭉치가 뛰어들어왔다. 복슬복슬한 작은 고양이였다. 얼마나 겁을 먹었는지 계단 뒤 구석에 숨어 자그마한 몸을 한껏 부풀리며 위협했다. 인간과 잘 지낼 수 있을까 걱정이었지만, 한눈에 반한 손님이 데려가서 지금은 완전히 아가씨처럼 도도하게 지낸다.

갑자기 들이닥친 고양이는 귀엽지만, 밤이 되면 성가신 사람들도 지나다닌다. 근처에 술집이 늘면서 취객이 상당히 많아졌다. 개중에는 서점 앞에 엎어져 꼼짝도 하지 않는 사람도 있다. 엎어져 있던 흔적으로 소지품만 덩그러니 남아 있는 걸 발견할 때도 있다.

슬슬 돌아갈까 하고 정리를 하고 있는데 "누가 나 좀 죽여줘" 하는 소리가 들렸다. 깜짝 놀라 고개를 들어보니, 딱 한 번 와서 맥주를 마셨던 아저씨였다. 나 알코올 중독이에요, 하루 종일 마셔요. 신나게 떠들고 돌아갔었다. 이 사람이라면, 진심으로 죽고 싶다고 생각하지 않으니까 안심했다. 마음을 놓은 게 이상해서 혼자 웃었다.

들어오진 않고, 서점 앞을 지나가기만 하는 사람들도 있다. 주방에 서 있으면, 앞을 지나가는 사람이 잘 보인다. 여러 번 보면, 자연스럽게 얼굴을 기억하게 된다. 그래서 문득 지나가는 사람들에게도 서점 안의 풍경이 일상의 일부가 아닐까 하는 생각을 할 때가 있다. 이름도, 무슨 일을 하는지도 모르고 말을 해본 적도 없지만, 아는 사람. 내가 출퇴근길에 하고 있을 법한 망상을, 그들도 하고 있을지도 모른다. 모르지만, 아는 사람들.

서점 앞을 자주 지나는, 가족처럼 보이는 사람들이 있었다. 아마 산책 중이었을 것이다. 서점 앞을 지나가는 건 대부분 문을 닫기 직전, 저녁 9시쯤이었다. 연로한 부모님의 산책에 딸이 함께하는 것 같았다. 배우자가 함께할 때도 있었다. 서점에 데려오는 하얀 고양이가 보일 때는, 멈춰서서 싱글벙글 웃으며 안을 들여다보곤 했다. 눈이 마주치면 서로 고개를 까딱이며 인사를 나눴다. 어느 날부터는 할머니만 함께했다. 그리고 점점 자주 보이지 않게 됐다. 이유는, 짐작이 간다. 어쩔 수 없는 일이다.

목소리는 들리지 않지만, 서점 앞에서 나누는 부모자식간의 대화를 상상한다. 그들의 산책에 함께하는 것 같아서 마음이 평온해지는 시간이었다.

뒷골목에서, 풍경의 일부가 된다. 알지 못하는 누군가의 일상에, 작은 조각으로 남는다. 카운터에서 지나가는 사람들을 바라보고 있으면, 서점이라는 공간은, 그런 존재가 아닐까 생각하곤 한다.

아빠와 딸 둘, 매일 셋이서 지나가던 가족이 있었다. 엄마가 같이 있었던 적은 없다. 처음 봤을 때는 아빠 품에 동생이 안겨 있었지만, 점차 자라서 둘 다 씩씩하게 아빠의 뒤를 따라 걷게 되었다. 그리고 차츰 둘 다 멋을 부리더니 취향이 확실해졌다. 언제부턴가 언니는 함께하지 않았고, 최근에는 셋 다 지나가지 않게 되었다. 몇 년 동안 말 한마디 나누지 않은 채 카운터 안에서 바라보고 있었다. 자신들이 성장해가는 모습을 지켜보던 낯선 누군가가 있었다는 것을, 그녀들은 끝내 알지 못하겠지.

단지

 초등학교 입학을 앞두고, 낡은 연립주택 셋집에서 아파트 단지로 이사했다. 중학생 때부터 우리 사남매는 할머니댁에서 살고, 아버지는 그 단지에서 생을 마감했다. 장례를 치르고 무척 오랜만에 갔는데, 여기가 이렇게 좁았나 하는 새삼스러운 생각이 들었다. 내가 그 집에 살았을 때, 우리는 여섯 식구였다.

 서점에서 걸어서 금방인 곳에 문을 연 지 100년이 넘는 오래된 영화관이 있다. 예전에는 그 주변이 영화의 거리였지만, 지금은 그 영화관만 남았다. 다른 영화관은 폐업하거나 멀티플렉스로 전환했다. 상영 스케줄에 따라 조조영화를 보고 출근할 수 있어서 무척 편리하다. 그리고 내가 보고 싶은 영화는 대부분 이 영화관에서 상영한다. 맛있는 커피를 마실 수 있고, 안내 데스크에는 영화를 좋아하는 귀여운 여성들이 있으며, 직원들은 모두 영화를 사랑한다. 구마모토 같은 지방 도시에 이런 영화관이 존속한다는 건, 무척 고마운 일이다. 그런 면에서 우리들은 행운아다.

서두가 길었는데, 얼마 전에 그 영화관에서 고레에다 히로카즈 감독의 〈태풍이 지나가고〉를 봤다. 태풍이 몰아치는 밤, 우연히 한 지붕 아래 모인 '한때' 가족이었던 사람들의 이야기. 더할 것도 덜한 것도 없는 좋은 영화였다.

주인공은 15년 전에 한 번 문학상을 수상한 것이 전부인 자칭 작가로, 양육비도 제대로 주지 못해 전 부인에게 신뢰를 잃고 무시당하고 있다. 아이를 만나는 날, 우연히 아파트 단지에서 혼자 살고 있는 주인공의 어머니 집에 모이게 된 한때의 가족은, 태풍으로 다음 날 아침까지 각자의 집으로 돌아가지 못한다. 그 하룻밤에 일어난 일을 중심으로 그려진 이야기로, 영화의 또 다른 주역은 아파트 단지라고 해도 좋을 것이다.

고레에다 감독은 아파트 단지에서 자랐다고 한다. 고레에다 감독과 나는 나이 차이도 그리 나지 않으니, 같은 시기에 지어진 아파트 단지에서 유소년기를 보냈을 것이다. 그래서 단지의 추억과 오늘날 달라진 모습에서 받는 아련함 같은 것이 감각적으로 와닿는 것 같았다. 위화감 없는 단지 묘사에, 마치 영화의 기억과 나의 기억의 경계가 흐릿해지는 것 같았다.

주인공 역의 아베 히로시와 어머니 역의 키키 키린이 버스 정류장에 나란히 서는 장면이 있다. 등 뒤로 보이는 상점가는 아무래도 셔터를 내린 곳이 많다. 영화의 장면을 떠올리면, 내가 살았던 동네의 풍경이 떠오른다. 소방서 근처의 버스 정류장. 늘어선 아파트의 옆면에 적힌 동 번호. 계단참에서 내려다본 풍경. 초등학교에 가는 길, 벚나무 아래에서 밟혀 죽은 송충이를 피하며 꺅꺅거린 일. 그리운 듯하면서도 아련한, 말로 설명하기 어려운 기분이 든다. 화면에 비치는 부엌의 협소함, 그 자리에 있어야 할 것 같은 불단의 위치. 가구에 둘러싸인 잠자리. 사는 사람은 줄어들었는데, 물건은 늘고 있다. 아버지가 돌아가시기 전까지 살았던 아파트의 방도 사는 사람은 줄어들었는데, 무슨 일인지 물건은 늘었다.

하지만 단지는 방치된 곳이 아니다. 영화에서는 제대로 생활이 영위되는 장소로 그려지고 있다. 욕조는 좁고 공원의

문어 미끄럼틀은 낡을 대로 낡았지만, 냉장고에는 지퍼락 밀폐용기가 있으며 베란다의 귤나무는 잘 자란다. 그렇지만 노스탤지어도 있다. 그 노스탤지어는 단지 생활을 경험하지 않은 사람도 같은 감정을 느낄 수 있도록 그려졌다. 주로 어머니의 애정으로. 어느 날 갑자기 올 누군가를 위해 얼린 칼피스. 영화를 보고 서점에 온 손님들은 대부분 오랜만에 칼피스를 봤다고 말했다. 자기도 모르게 말하게 되는 것이다. 아들의 가족이 모인 밤에 들뜬 마음으로 카레 우동을 만드는 어머니. '밥을 해서 먹인다'는 건 역시 애정을 표현하는 가장 기본적인 방식 같다. 둥지 속 새끼에게 부지런히 먹이를 나르는 어미 새처럼.

얼마 전 몸이 좋지 않았을 때, 마침 같이 있었던 직원이 식욕이 없는 걸 걱정하더니 기어코 소면을 삶아주었다. 아침부터 아무것도 먹지 못했는데, 소면은 후루룩후루룩 잘만 넘어갔다. 소면이라서 그랬던 건 아니다. 뭐라도 먹길 바라는 그녀의 마음이 있었기 때문에 후루룩 먹었다.

고레에다 감독의 영화는 음식을 먹는 장면보다 만드는 장면이 인상 깊다. 카레 우동의 건면을 끓는 물에 넣는 장면, 칼피스를 만들어 맛보는 장면. 맞아, 저 나잇대의 사람은 물건을 귀하게 여기니까 지인이 선물로 사 온 케이크 가게의 푸딩이 들어 있던 빈 병에 넣지, 하고 고개를 끄덕이면서 유심히 본다. 기억 나는 건, 그런 장면. 떠올릴 땐 소리까지 들린다. 고레에다 감독의 또 다른 영화로 〈걸어도 걸어도〉가 있다. 사고로 세상을 떠난 장남의 기일, 연로한 부모님 곁으로 오랜만에 가족이 모인다. 영화의 시작은, 당근 껍질을 벗기는 소리. 어둠 속에서 그 소리만 울려 퍼진다. 차츰 모녀가 차남 부부를 기다리면서 음식을 만들고 있다는 걸 알 수 있다. 그중에서 옥수수 알갱이를 떼어내 가족이 떠들썩하게 튀김을 하는 장면이 인상적이라 한동안 먹고 싶어서 혼났다. 소쿠리 안에서 옥수수 알갱이가 굴러가는 소리. 튀김옷을 입혀 냄비에 넣은 순간, 기름이 튀는 소리. 갓 튀겨낸 걸 먹는 소리. 옥수수에 얽힌 가족의 추억. 쓰고 있으니 또 먹고 싶어진다. 영화를 본 이래, 이 영화의 옥수수 튀김은 꿈에 그린 음식이 되었다. 술집에서 '옥수수 튀김'이란 메뉴를 볼 때마다 주문해 보지만, 하나같이 너무 매끈하다. 영화에서 본 것처럼 투박한 옥수수 튀김을 먹어보고 싶다.

어린 시절에 살았던 단지로 이사한 건 초등학교에 들어가기 얼마 전이었다. 어른들은 조금 있으면 초등학교에 가니까 유치원엔 안 가도 된다고 했다. 유치원 중퇴인 셈이다. 타고나

길 사교적이지 않아서 특별히 불만도 없었고, 남동생과 단지 뒤뜰이나 근처에 있는 공원 몇 군데에서 놀았다. 큰 공원이니 남쪽 공원이니 어디든 대충 이름을 붙여 불렀던 것 같다. 마침 그 단지 근처를 지나갈 일이 생겨 영화의 기억에 이끌려 가 봤다. 오랜만에 본 단지는 상상 이상으로 낡은 곳과 리모델링을 해서 새로워진 곳이 뒤섞여 있었다. 내가 살았던 동은 방치된 곳으로 빈집도 있는 것 같았다. 베란다 난간은 녹슬고, 전체적으로 낡아 있었다. 남동생과 뛰놀던 단지 뒤뜰은 어린아이의 키만큼 자란 풀로 무성했다. 잡초를 꾹꾹 밟을 아이들이 없다는 증거일 것이다. 공원에 가보니 못 보던 놀이기구가 있고 울타리가 쳐져 있었다. 우리가 어릴 때 놀던 놀이기구는 노는 방법에 따라 다칠 수도 있는 것이 대부분이었다. 위험하다는 이유로 없애버린 것도 있을 것이다. 요즘 세상은 위험한 건 모두 없애버리기만 한다. 아이들이 다치지 않는 지혜를 얻지 못하는 건 아닐까 괜히 걱정이 된다. 모래밭 한가운데에 있었던 콘크리트 산은 없어지고, 산뜻한 색의 미끄럼틀로 바뀌어 있었다. 하지만 놀고 있는 아이는 한 명도 없었다. 여름방학인데.

그리운 공원을 보고 있으니, 여름방학 아침에 했던 라디오 체조가 떠올랐다. 체조를 하러 가면 도장을 찍어주는데, 할머니 댁에 가야 했던 기간이 길었고 어릴 때부터 아침 일찍 일어나는 게 힘들어서 도장은 언제나 몇 개 되지 않았다. 어쩌다 가끔 가더라도 잠이 덜 깨서 축 늘어진 채 대충 손발을 움직일 뿐이었다. 그래도 남들처럼 이른 아침의 공원은 상쾌하다고 생각했던 것 같다.

아버지의 장례식 날에도 이렇게 좁은 방이었나 싶었는데 동네의 크기도 내 기억과는 많이 달랐다. 아이의 시간은 어른의 시간과 비교하면, 마치 팽창하고 있는 것처럼 하루가 길게 느껴진다. 동네의 크기도 그만큼 팽창하고 있었을 것이다. 어른의 시선으로 다시 보니, 기억의 절반 정도밖에 되지 않았다. 다니던 초등학교는 살고 있던 동에서 도로만 건너면 바로 보였다. 어릴 때는 그 짧은 길에서도 오가는 동안 여러 가지 일이 일어났다. 친구가 아침에 데리러 왔다. 늦잠꾸러기라서 꾸물대다가 빨리 안 하냐고 아버지한테 야단을 맞으면서 집을 나섰다. 통학로 중간쯤에 같은 학년 친구네가 하는 문방구가 보였다. 싫어하는 스튜가 급식으로 나오는 날은, 발걸음이 무거웠다. 학교 바로 뒤에 친한 친구의 집이 있어서 정문까지 돌아가는 게 귀찮아 담장을 뛰어넘어 놀러갔었는데, 그 담은 기억

속에 있는 것보다 한참 낮았다. 그 담벼락 옆에서 뱀을 본 적이 있다. 30년 이상 잊고 있었는데 갑자기 생각났다. 학교 너머는 동네의 끝처럼 느껴졌는데, 옆 동네는 훨씬 멀리 있었다. 기억을 더듬어 가다 보면, 얼핏 초등학생 때의 기분이 스치고 지나간다. 아주 어렴풋이. 말로 하기 어려울 정도로.

그런 기분을 〈아무도 모른다〉를 봤을 때도 느꼈다. 이것도 고레에다 감독의 영화다. '스가모 아동 방치 사건'을 소재로, 엄마의 실종 이후 아이들끼리 생활한 남매들의 생활을 그리고 있다. 영화가 개봉했을 때, 아이들이 불쌍해서 영화를 못 보겠다는 소리를 가끔 들었다. 실제 사건이 발각되었을 때, 많은 사람이 느꼈던 감정과 다를 바 없다. 하지만 사건은 보는 각도에 따라 달리 보이기 마련이다. 적어도 나는, 괴로워서 보지 못한 적은 없었다. 오히려 반복해서 보고 싶은 영화였다. 남매들의 행동 하나하나에서 어린 시절에만 느꼈던 것 같은, 어쩐지 마음이 놓이지 않는, 뭐라고 말할 수 없는 감정이 되살아났다. 그 감정을 몇 번이고 곱씹었다. 쓸쓸한 듯, 슬픈 듯 말로는 도무지 설명할 길이 없는 마음. 어둠이 내려앉을 때 느껴지는 마음. 그 마음을 손으로 살며시 어루만지듯 들여다보았다. 동정 어린 시선이 아닌, 그들의 시선과 마음에 공감하며 하나가 되어 있었다.

같이 슬퍼하고, 즐거워하고, 쓸쓸해졌다. 아이의 감정이란 어른의 것보다도 훨씬 농밀하고 불확실하며 순수하지 않을까. 그 감정을 다시 한번, 몇몇 순간, 느낄 수 있었던 것 같아서, 잊지 않으려고, 영화가 끝난 뒤에도 아끼고 또 아끼며 되새겼다.

단편斷片 서사를 좋아한다. 고레에다 감독의 영화를 몇 번이고 다시 보고 싶어지는 것도 단편적인 서사이기 때문이라고 생각한다. 반복해서 다시 보고 싶은 장면이 있고, 듣고 싶은 소리가 있다. 마음속에 간직하고 싶은 감정이 샘솟는다. 소설도 단편 서사가 쌓인 것은 몇 번이고 읽고 싶다.

결국, 남는 건 기억의 조각이다. 일어난 일을 있는 그대로 기억하는 건 불가능하며, 기억이라는 건 많든 적든 달라진다. 앞뒤에 맞게 빈틈을 메워버린다. 그래서 소중한 조각만 간직하면 좋을 것 같다는 생각이 든다. 그 기억의 조각에는 비틀린 것이 있는가 하면, 반짝이는 것도 있다. 짓뭉개고 싶은 게 있는가 하면, 몇 번이고 반복해서 닦아 더 빛나게 하고 싶은 것도 있다. 잊고 싶은 것은 기억의 가장자리로 밀어두고, 소중한 조각은 몇 번이고 꺼내서 되새긴다. 그 조각만 있으면, 충분하다.

아버지와 같이 산 건 십 대 전반까지였다. 그 후에는 결코 사이가 좋았다고 말할 수 없는 관계였다. 설날과 경조사가 있을 때만 얼굴을 봤다. 내가 카페를 시작한 뒤에는, 아주 가끔, 과자 꾸러미나 삶은 콩을 갖다 주었다. 카페 앞에 차를 댄 채 놓고 가서 아버지가 안으로 들어온 적은 거의 없다. 어지간히 먹지 않는 것처럼 보였는지, 카페를 하고 있는데도 먹을 것만 갖고 왔다. 그걸, 반기는 기색 없이 받았다.

아버지는 갑자기 몸이 안 좋아져 입원했다. 병원을 싫어하는 사람이라 그 전부터 참고 있었는지도 모르겠지만, 우리에겐 갑작스러운 일이었다. 얼마 지나지 않아 퇴원할 거라는 이야기가 있었지만, 입원은 길어졌다. 결국 와병의 원인을 찾지 못하고 병세가 나빠져 한 번도 집에 돌아오지 못한 채 옮겨 간 다른 병원에서 눈을 감았다. 결과적으로는 노환이었을 것이다. 심장이 나빴는데, 술도 담배도 끊지 않고 할 만큼 하던 것 치고는 그럭저럭 장수한 셈이었다.

입원하기 전에 사두었다는 선물 포장이 된 과자를, 아버지의 반려자에게서 받았다. 히사코에게 주려고 산 과자니까 받으라고 했다. 마지막이니까, 라며.

내가 어렸을 때, 아버지는 과자점의 배달 기사로 일했다. 그때는 팔고 남은 크리스마스 케이크나 명절에 먹는 화과자,

카스텔라 조각 같은 게 언제나 집에 있었다. 케이크는 지금처럼 생크림이 아니라 버터크림. 가난한데도 과자만큼은 풍족한 집이었다. 어릴 땐, 과자를 잔뜩 먹어서 저녁을 잘 먹지 못하면 야단을 맞았는데, 어른이 되어서도 아버지에게 과자만 받았다고 생각하니 왠지 이상한 기분이 들었다.

아버지가 마지막으로 준 과자에는, 바로 손이 가지 않았다. 상자 그대로 테이블 위에 올려둔 채 며칠 동안 곁눈질로 바라보기만 했다. 그러다 얼마 후, 하나도 남기지 않고 혼자서 다 먹어버렸다.

머나먼 어딘가로

　우물 안 개구리라는 말이 자주 떠오른다. 나를 보면.
　의외라는 말을 듣기도 하는데, 나고 자란 구마모토를 벗어나 살아본 적이 없다. 소망이 없었던 것도 아니지만, 나갈 기회도 딱히 없었다. 기회를 만들지도 않았으니, 그리 강한 소망도 아니었을 것이다. 그 증거로, 젊을 때부터 여행도 그리 많이 하지 않았다. 버블 경제가 한창일 때 취업했는데, 주변 사람들은 자주 해외여행을 갔다. 나는 기껏해야 구마모토와 이웃한 지역의 온천에 가는 정도였다. 물론 여행을 가면 즐겁다. 하지만 집으로 돌아올 때면 마음이 놓인다. 집에 고양이가 있어서 그럴 수도 있지만, 그게 전부는 아닌 것 같다. 집을 좋아한다는 걸 스스로도 알고 있다.

아무 데도 가지 않고 책만 읽고 있다. 하지만 책을 읽고 있으니, 어쩌면 어딘가에 가고 있다고도 할 수 있지 않을까 생각한다. 일 때문에 여행만 다니는 친구가 책을 읽으니까 아무 데도 가지 않아도 괜찮은 거 아니냐고 해서 그럴지도 모르겠다고 고개를 끄덕였다. 하지만 그렇게 말하는 친구 역시 책을 무척 좋아한다.

집중력이 별로 없는 편이지만, 책에는 집중할 수 있다. 어릴 때부터 책만 읽어서 단련되었을 것이다. 다른 일에는 그다지 관심이 없어서, 책 읽는 걸 빼면 잘하는 게 없었다. 특기라면, 남들보다 아주 조금 빨리 읽는 편이다. 하지만 서점을 하면서 세상에는 나보다 훨씬 빨리 읽는 사람이 많다는 걸 알았다.

초등학생 때는 좁은 집에 여섯 식구가 살았다. 혼자 있고 싶어서 책을 읽었을지도 모른다는 걸 어른이 된 후에 깨달았다. 눈이 빨리 나빠진 건, 이층침대의 아래 칸에 누워서 읽은 탓일 것이다. 그렇게 어두운 곳에서 읽으면 눈이 나빠진다고 혼이 나곤 했다. 그 말대로 시력은 떨어졌지만, 그렇게 책을 읽으면 좁은 집에서 가족과 함께 있으면서도 혼자만의 시간을 누릴 수 있었다. 단체행동에 약한데, 가족이라는 최소 단위에서도 그랬던 것 같다.

긴 여행도, 낯선 지역에서 살아보지도 않았지만 이사는 꽤 했다. 열아홉 살에 난생처음 자취를 시작했다. 그보다 조금 전에 당한 교통사고로 받은 위자료를 이사 비용으로 충당했다. 차에 치여 보닛 위로 튕겨 올랐다가 길바닥으로 떨어져 머리를 세게 부딪히는 꽤 괴로운 기억이 남았지만, 외상이 거의 없어서 친구가 자해 공갈범 같다고 했었다. 그로부터 몇 번인가 이사를 했는데, 지금 세 들어 사는 집에서는 의외로 오래 살고 있다. 돌이켜보면, 지금까지 살았던 집 중에 제일 길게 살고 있다. 8년 정도. 그렇게 생각하니 슬슬 이사를 하고 싶어졌다.

얼마 전, 폴 오스터의 『겨울 일기』를 읽었다. 인생의 겨울에 들어선 작가가 먼 옛날에 자기 몸에 무슨 일이 일어났었는지를 이야기하는 회고록이다. 폴 오스터는 자신을 '당신'이라는 2인칭으로 부르며 과거를 돌이켜본다. 동시에, 읽고 있는 우리도 과거의 자신을 돌아보게 된다. 겨울이라고는 말하기 어렵지만, 가을 정도에 있는 몸으로서, 인생의 몇 장면을 떠올렸다.

이 책에서 폴 오스터는 태어났을 때부터 현재에 이르기까지 거쳐온 주거지를 나열한다. 스물한 곳. 어떻게 찾았는지 번지까지 적혀 있다. 작가가 좋든 싫든 집이라고 불렀던 장소. 나도 그 절반가량 과거에 살았던 곳이 있다. 번지는 바로 전에 살던 곳까지만 기억나고, 찾는 방법도 모른다. 하지만 좁은 범위 안에서 옮겨 다녀 번지는 몰라도 어딘지는 안다. 이미 없어진 집도 있지만, 다 둘러보는 데 하루면 충분할 것이다.

폴 오스터가 살았던 집들이 어디에 있었고, 어떤 방이었으며, 몇 살에 살았는지를 읽으면서 그동안 살았던 집 몇 곳의 정경이 떠올랐다. 곁에 있었던 사람과 집의 좋지 않았던 점이 생각난다. 어릴 때 살았던 아파트 단지의 쓸데없이 무거웠던 현관문. 그리고 부모님의 말다툼이 있었을 때는 그보다 더 무거워졌던 집안 분위기. 처음 혼자 살던 집 아래 술집에서 들리던, 손님이 부르는 나가부치 쓰요시의 노래. 밀폐성이 너무 좋아 결로가 있던 천장. 돌출된 창의 창턱에 무릎을 세우고 앉아 책을 읽는 게 기분 좋았던 일. 오래전부터 소망했던 툇마루에서 햇볕을 쬐고 있던 고양이의 모습. 몇 년이고 기억의 한구석에 묻혀 있던 것이 열어볼 생각도 하지 않았던 서랍에서 나왔다.

책을 읽고 있어도, 행간에서 마음이 떠돈다. 맨하탄을 서성이며 과거에 살았던 집에 간다. 이걸 여행이라고 해도 되지 않을까? 책과 몸 하나, 다른 건 아무것도 필요 없다. 우리에겐 상상력이라는 탈것이 있다. 어디에도 가지 않고, 여행을 한다.

그래서 폴 오스터가 첫 번째 아내와 생활했던 남프랑스의 집에도 갈 수 있다. 그들은 마을에서 떨어진 남쪽 땅에서 오래된 농가의 관리인으로 지내며 혹독한 겨울을 보냈다. 그들의 한 겨울을 글로 따라가다 보면 타임과 라벤더 향기, 북풍의 매서움이 피부로 느껴진다.

그렇다 하더라도, 백문이 불여일견이라고도 생각한다. 멀리 가지 않아도 그렇게 느끼는 순간은 많다. 차로 15분 거리의 호수에 가서 살랑거리는 바람에 몸을 맡기고, 물소리를 듣는다. 역의 승강장에서 미묘한 사투리의 차이에 귀를 기울인다. 낯선 지역의 술집에 들어가 그 지역의 안주를 곁들여 한잔한다. 소소한 일이라도 이런 경험은 피가 되고 살이 된다. 그리고 그 색, 소리, 촉감을 비롯한 모든 것이 상상력을 길러낸다. 그렇게 축적된 상상력이 책을 읽는 재미를 한결 더한다.

여행을 하지 않고는 배길 수 없다고 말하는 사람들이 있다. 그런 사람들의 책도 많이 읽었다. 물론 그들의 여행과는 농도가 다르지만, 책과 함께 여행을 떠나 그 시간을 잠시 나눠 가진다. 책 한 권 값의 여행이라니 이 얼마나 저렴한가 싶어 고마울 따름이다.

변방의 땅에 가는 사람. 파괴되는 자연을 찍으러 가는 사람. 맛있는 걸 먹고 싶어 하는 사람. 전쟁터나 분쟁 지역을 취재하러 가는 사람. 목소리를 찾아 걷는 사람. 오랫동안 알래스카의 자연을 촬영한 호시노 미치오의 책을 읽다 보면, 멀리서 서서히 파괴되는 자연을 생각하지 않을 수 없다. 그리고 그 자연이 아직 남아 있다는 사실에 아주 조금이나마 안도한다. 호시노 미치오의 책을 읽은 뒤로는 길가의 토끼풀을 보면 알래스카의 물망초가 떠오른다.

서점을 하고 있어서, 읽는 데 그치지 않고, 실제로 여행자를 만나는 일도 많다. 그 어디에도 가지 않고 여행자를 맞이하는 게 적성에 맞는지도 모른다. 길가의 지장보살처럼 존귀한 존재는 아니지만, 많은 선물을 받고 여행담을 듣는다. 그리고 집에 돌아가면 책을 읽고, 자동차도 기차도 비행기도 타지 않고 여행을 떠나, 다시 누군가를 만난다.

사진가 야마우치 유 씨의 북토크를 했던 적이 있다. 사진집 『새벽』에 대해 이야기해 주셨다. 뒤풀이가 한창일 때 술기운을 빌려 사진 한 점을 받았는데, 지진으로 액자가 떨어지면서 유리가 깨져 흠집이 잔뜩 생기고 말았다. 안타까웠지만, 그날 밤의 즐거웠던 기억과 사진을 걸었던 서가의 광경, 지진의 기억까지 모두 흠집 난 사진의 일부가 되었다.

『새벽』은 지상 3천 미터에 있는 후지산의 산장에서 보이는 광경을 담은 사진집이다. 야마우치 씨는 후지산 스바시리구치 7부 능선의 같은 장소에서 600일에 걸쳐 새벽녘의 광경을 찍었다. 시시각각 달라지는 빛은, 한순간도 같은 색을 만들지 않는다. 몇 번을 봐도 질리지 않아 자꾸 페이지를 넘긴다. 같은 곳이라도, 매일, 같은 광경일 수 없다는 데 감탄했다. 그 빛을 넋 놓고 보면서도, 실제로 산에 올라 직접 보는 것과 같지는 않을 거라고 생각했다. 하지만 그렇다고 해서 산에 오르고 싶냐고 묻는다면, 그러고 싶다고 쉽게 말할 순 없다.

야마우치 씨의 다른 책으로 『구름 위에 사는 사람』이 있다. 야마우치 씨는 구름 위에 있는 산장 다이요칸大陽館에서 산장지기로 지내면서 새벽 사진을 찍었다. 이 책은 야마우치 씨가 산장 주인인 세키 쓰구히로 씨의 말을 옮기고 사진과 함께 엮은 것이다. 어느 해의 후지산 입산 준비부터 입산 금지, 산장 운영 종료까지의 이야기가 담겼다. 첫 페이지를 넘기면, 세키 씨의 수줍은 미소가 반갑게 맞이한다. 분명 말수가 적을 것 같은, 그런 느낌이 드는 미소 띤 얼굴. 그 커다란 체구에서 산과 함께한 사람이 아니면 할 수 없는 말이 띄엄띄엄 흘러나온다.

산은 다 보고 있으니까. 특히 이 후지산은 모든 걸 엄격하게 보고 있다고.

자연의 힘을 거스를 수는 없어. 하물며 자연을 이길 리 만무하지.

세키 씨는 입산이 시작되면 산이 아닌 관광지가 된다고 말한다. 해돋이, 후지산에서 맞이하는 일출. 소란을 피우기만 하는 사람도 온다고 한다. 신성한 산에 일상을 끌고 들어오는 사람들. 그런 사람들에게 산이 보일까?

두 사람의 말과 사진에 이끌려 잠시 후지산 스바시리구치 7부 능선에 오른다. 『새벽』을 한 장 한 장 넘기며 보았던 광경이 눈앞에 펼쳐지는 걸 상상해 본다. 말문이 막힐 만큼 아름다울 것이다. 한 번쯤 보고 싶다는 마음이 든다. 하지만 동시에 보지 않아도 괜찮다고 생각한다. 직접 가서 보는 것보다 그곳이 거기에 있다고 생각하는 게 소중하다는 마음이 든다. 필요한 건, 손길이 닿는 곳곳의 초목과 마음을 기울여야 할, 드넓은 자연이다.

이 글을 중간까지 썼을 때, 오랜만에 야마우치 씨의 연락을 받았다. 신기하게도 여행을 하는 사람들을 생각하면 여행하는 사람으로부터 행사를 하고 싶다는 연락이 온다. 작가 세 명과 그들의 작품을 하나의 기획으로 묶는 큐레이터, 모두 네 명이 산에 얽힌 이야기를 하고 싶다고 했다. 모두 여행하는 사람들이다. 도호쿠를 거점으로 야마부시山伏(슈겐도修験道 수도자로 산속에서 수행하는 사람—옮긴이)로 활동하는 사카모토 다이자부로 씨. 연속 등반 1만 일이 목표였던 히가시우라 나라오 씨를 수행하며 산에 오르는 모습과 생활 면면을 좇아 히가시우라 씨가 사망할 때까지 취재를 계속한 요시다 토모히코 씨. 저마다 산을 대하는 접근법은 다르지만, 자연과 인간의 조화로운 모습을 고민한다는 점에서 연결되어 있다.

행사가 끝나고 며칠 뒤, 요시다 씨의 책을 읽었다. 『신념: 히가시우라 나라오, 1만 일 연속 등반 도전』. 정년퇴직 이튿날부터 27년에 걸쳐 1만 일 연속 등반을 목표로, 비가 오는 날에도 바람이 강한 날에도 매일 산으로 향한 노인의 기록. 아침에 일어나 산을 오르고 일기를 쓰고 책을 읽고 자는 날들. 옷걸이와 야외용 돗자리로 만든, 주로 폐기물을 이용한 산악용품. 물욕이 없고, 옷을 빛이 바랠 때까지 입은 히가시우라 씨는 노숙자로 오해받을 때도 있었다고 한다. 놀랍게도 뺑소니 교통사고를 당해도 경찰에 신고조차 하지 않았던 것 같다. 이튿날,

산에 가지 못하면 연속 등반 기록이 끊어질 수 있기 때문이다. 어쩌면 주위 사람들로부터 기인 취급을 받았을 수도 있다. 그러나 요시다 씨는 히가시우라 씨 가족의 인터뷰를 겸하면서 40권이 넘는 등반 일기를 공들여 읽고, 어떤 때는 함께 산에 올라 때때로 무심코 드러낸 속내를 놓치지 않고 기록해 히가시우라 씨의 인간적인 매력을 드러냈다. 정년퇴직 다음 날의 일기에는 '자유'라고 쓴 인덱스가 붙어 있었다. 곳곳에서 발췌한 히가시우라 씨의 글에서 그의 철학을 엿볼 수 있다. 예를 들어, 일기장 가장자리에 흘려 쓴 글.

> 버릴수록 강해진다. 얻을 수 있다. 자유로워진다. 버린 만큼 강해진다.

책을 펼치면, 일기의 마지막 두 쪽이 보이고 히가시우라 씨의 글씨가 눈길을 사로잡는다. 결코 읽기 쉽지 않은 이 일기를, 요시다 씨는 한 글자도 빠뜨리지 않고 읽었음에 틀림없다.

히가시우라 씨는 1만 일 연속 등반을 이루지 못하고, 기록은 9738일에 그쳤다고 한다. 요시다 씨가 이 책을 마무리하고 있을 때, 히가시우라 씨가 86세를 일기로 세상을 떠났다. 요시다 씨는, 마지막에는 울면서 썼다고 말했다. 후기에 이렇게 나온다.

> 그 삶의 모습을 쓰면 쓸수록 나 자신에게 질문하는 듯한 기분이었습니다. "자, 너는 어떠냐" 하고.

이 책의 발행일은, 히가시우라 씨의 1만 일 연속 등반 달성 예정일이었다.

지진 피해지와 말

아라에미시 출판사를 운영하는 히지카타 마사시 씨가 잡지 《지진 재해학》에 글을 쓰지 않겠냐고 했을 때, 내가 써도 될까 싶어 주저했다. 지진 재해학이라고 한 이상, 지진 피해 지역의 문제를 제기하고 앞으로 닥칠지도 모를 재앙에 도움이 될 만한 무언가를 말해야 한다고 생각했기 때문이다. 우리들의 기억 속에는 동일본 대지진의 참혹했던 피해가 아직도 선명하게 남아 있다. 그에 비해, 구마모토 지진은 규모에 비하면 인적 피해가 적었다. 다들 여러 가지 조건이 겹친 결과라고 입을 모았다. 한밤중에 지진이 발생했다거나, 전진前震의 규모가 컸기 때문에 대비가 있었다거나, 4월이라 그리 추운 날이 아니었다거나. 피해가 컸던 진원지 사람들에 대한 조심스러움도 있다.

운이 좋았던 우리가 지진에 대해 말해도 될까 하는 마음이 적잖이 있다. 자기도 피해 당사자이면서 미안해하는 사람도 있다. 하지만 객관적으로 보면 그렇게까지 생각할 필요는 없다는 걸, 사실은 속으로는 알고 있다. 그저 그 마음이 사라지지 않을 뿐이다.

지진이 나기 얼마 전에 관심을 보인 몇 사람과 《아르텔》이라는 문예지를 창간했다. 구마모토에 정착한 평론가 와타나베 교지 씨의 제안으로 시작된 잡지다. 편집자로, 때로는 동지로 이시무레 미치코 씨와 쭉 함께했던 와타나베 씨가 여든을 넘긴 연세에도 구마모토에서 새로운 잡지를 만들자고 하셨다. 첫 편집회의가 열린 건 2015년 7월. 이시무레 씨의 미발표 원고도 싣고 싶다고 하셨다. 나는 잡지를 편집해 본 경험이 전혀 없고, 하물며 할 마음도 없었지만, 저렇게 말씀하시니 거절할 수 없었다. 와타나베 씨와 이시무레 씨를 만나고 몇 년이 지나, 설마 함께 잡지를 만들게 되리라고는 꿈에도 몰랐다.

처음 보는 할머님이 오셔서 "당신이 주인?"이냐고 물어본 적이 있다. 그렇다고 하자, 주고 싶은 게 있다고 말씀하셨다. 와타나베 씨가 1960년대 후반에 낸 《구마모토 풍토기》의 창간호였다. 훗날 『고해정토』로 출간된 이시무레 씨의 〈바다와 하늘 사이에〉가 실려 있다. 나도 슬슬 언제 죽을지 모르니까, 누군가에게 주지 않으면 자식들이 멋대로 처분해 버릴지도 몰라서 누구한테 줄까 궁리했는데, 신문에서 당신 이야기를 봐서, 라고 하셨다. 이런 시대에 지방에서 서점을 시작하는 기특한 사람이 있다고 기억해 주셨던 게 아닐까. 그 뒤로 그분을 다시 뵙지는 못했지만, 돌이켜보면 그 《구마모토 풍토기》가 릴레이 바통이었다는 생각이 든다.

그렇게 만들기 시작한 《아르텔》이지만, 창간 직후에 구마모토 지진이 일어나고 말았다. 여름에 2호를 발행할 예정이었지만, 그럴 상황이 아니었다. 같이 편집을 맡았던 여성은 진원지에 본가가 있는 데다, 신문 기자로 취재에 쫓기고 있었다. 나도 서점 안이 엉망진창이라, 다시 문을 열기 위해 해야 할 일이 산더미처럼 쌓여 있었다.

나중에 전진이었다는 걸 알게 된 진도 7의 첫 지진이 난 뒤, 구마모토에는 큰 지진이 없다고 굳게 믿고 있던 우리는 상당히 혼란스러웠다. 그래도 내 주변은 대부분 무탈해서 어떻게든 될 거라고 서로 다독였다. 그리고 다음 날 밤, 본진本震이 있었던 날은 공포에 휩싸여 죽는 줄 알았다는 이야기를 나누며 밤을 지샜다. 새가 지저귀는 소리가 들리고 동쪽 하늘이 희붐하게 밝아오자, 살았다 싶은 마음이 들며 안도했다. 아무것도 해결되지 않았는데, 햇빛의 힘은 실로 대단하다고 느꼈다. 날이 밝으며 이재민이라는 이름으로 사는 날이 시작되었다. 그날부터 오늘까지 끊이지 않는 끈질긴 여진 속에서 두려움은 여전하지만, 많은 사람이 "나는 괜찮아. 나보다 더 힘든 사람이 있다"라고 주문을 외우듯 반복하고 있다. 그 말이 거짓은 아니지만, 그렇게라도 말해야 한다는 심리도 깔려 있었다. 그리고 그런 마음은, 당연하게도 몸과 마음에 부담이 된다. 이재민이라고 불리는 데에는 시간이 흘러도 좀처럼 익숙해지지 않는다.

    직접 경험해 보니, 재해가 일어난 뒤에 대부분의 사람은 조증과 울증 어느 한쪽으로 쏠리는 것 같았다. 무기력하게 멍하니 있는 사람과 뭔가 하지 않고는 배길 수 없어 쉴 새 없이 움직이는 사람으로 나뉘었던 것 같다. 나는 이틀째부터 가만히 있지 못했다. 절박한 상황에서 초인적인 힘을 발휘하듯, 아무리 일해도 힘든 줄 몰랐다. 아마 뇌에서 어떤 물질이 분비되고 있던 게 아닌가 싶다. 아침부터 저녁까지 집이나 서점을 정리하고 있으니, 단골손님들이 찾아오기 시작했다. 도와주겠다고 말하는 사람도 있었다. 괜찮으니까 자기 일을 먼저 하라고 해도 갈 데가 없으면 곤란하니까, 라고 했다. 할 일이 없으니 돕겠다고 한 사람도 있다. 그렇게 많은 사람의 도움을 받아 일주일 만에 부분적으로나마 문을 열 수 있게 되었다. 사실 전부 정리하고 나서 문을 여는 편이 수월했을지도 모른다. 하지만 일단 불을 밝히고 사람들이 서로 이야기를 나눌 수 있는 공간을 제공해야 한다는 마음에 조급해졌다. '모두를 위하여' 같은 번지르르한 말이 아니다. 나에게도 필요한 공간이었다. 돌이켜보면, 정상 영업을 재개하기 전까지 평소와 다른 시간이 흐르는 묘한 공간이었던 것 같다.

낡은 건물의 점포 두 개를 임대해 서점과 카페를 운영하고 있지만, 서점을 먼저 정리했다. 하지만 이 혼란한 시기에 누가 책을 살까 싶어서 무료하지 않도록 커피를 대접하기로 했다. 친구 집으로 피난할 때, 온갖 살림살이가 흩어져 있는 부엌에서 추출도구 한 세트와 원두를 찾아서 들고 갔었다. 손님이 열 명 정도 있었는데, 평소처럼 내리면 한 번 내리고 끝날 정도의 원두밖에 없었다. 그래도 평소처럼 진하게 정성 들여 커피를 내렸다. 생각보다 다들 기뻐했다. 하지만 그뿐만이 아니라, 커피를 내리는 것 자체가 무엇보다 나를 위한 일이었다. 하지 않았다면 몰랐겠지만, 커피를 내리면서 평상심을 되찾았다는 걸 깨달았다. 평소에 하던 일을 한다는 것. 그 사실이 마음을 진정시켰다. 그래서 다시 문을 열었을 때, 카페 영업은 할 수 없어도 커피는 내리고 싶었다.

많이는 아니지만, 하나둘씩 사람이 오기 시작했다. 단골손님, 멀리서 걱정하며 와준 친구, 자원봉사를 끝내고 돌아가는 사람, 취재로 온 언론 관계자. 한 사람 한 사람 오래 머물렀다. 이야기를 하다 보면 처음 보는 사람도 자연스럽게 대화에 끼어들었다. 재난 상황만 아니라면 이상적인 사교 현장 같았다. 저마다 해야 할 이야기와 말이 있었다. 사람 수만큼 체험이 있었다. 금방이라도 할 말이 있던 우리는, 어쩌면 축복받았다고 할 수 있는지도 모른다. 쓰나미를 겪은 사람들이 말문을 뗄 수 있게 되기까지는, 어느 정도의 시간이 흐른 뒤였을까.

누군가의 말을 계속 듣는 건, 무척 피곤한 일이었다. 하지만 이 또한 필요한 일이었다. 찾아오는 사람들에게도, 나에게도. 그 자리는, 말로 가득했다. 하지만 듣고 싶었던 말이 있었을까.

지진 직후에 오신 손님은 한바탕 자기가 겪은 일을 이야기하더니, 어느새 책을 집어 들었다. 가볍게 읽을 만한 책을 추천해달라는 사람도 있었다. 문을 열지 못해서 큰일이니까 사줘

야지 하는 마음이 있었을지도 모른다. 책장은 아직 엉망이라고 하면서도 책을 사는 손님도 있었다. 다 읽은 책들이니까 나중에 정리해도 괜찮아, 지금 읽을 책이 필요해, 라며.

누구한테 들었는지 잊어버렸지만, 지진 등의 재해가 있은 뒤에는 책이 팔린다고 한다. 그런 건 매뉴얼북이나 방재 수첩, 체험담 같은 실용적인 책이라고 생각했었다. 작은 서점이라서 우리는 방재 관련 책이 거의 없었다. 나를 돌보는 차원에서 하는 것이니까, 제때 영업을 재개할 때까지는 책이 팔리지 않아도 괜찮다고 마음을 굳게 다잡고 있었는데, 다들 책을 사주었다.

영업을 재개한 모습이 지역 신문에 실린 이튿날, 근처 병원에 입원 중인 분이 찾아왔다. 다시 문을 연 게 기뻐서 외출 허가를 받아서 왔다고 하셨다. 책을 좋아한다면서 여러 권을 고르시더니, 한 권 추천해달라고 했다. 마침 기사를 써준 기자도 와서 이야기꽃을 피웠고, 그 손님은 만족한 듯 책을 안고 병원으로 돌아갔다. 물론, 모든 사람에게 책이 필요했다는 건 아니다. 처방전과 마찬가지로 사람마다 필요한 물건은 다를 것이다. 다만, 서점 안에서는 확실히 책이, 말이 진정 작용을 하고 있었다.

함께 《아르텔》을 만드는 편집자의 제안으로 이시무레 씨를 모시고 진원지인 마시키를 찾았을 때, 목적지에 가까워질수록 우리는 점점 말이 없어졌다. 힘냅시다, 참 허무한 말이네요. 문득, 이시무레 씨의 입에서 그런 말이 흘러나왔다.

어느 정도 일상을 회복하기 시작하자, 예정대로 《아르텔》을 만들기로 했다. 모든 필자가 구마모토에 사는 건 아니지만, 구마모토에서 만드는 잡지인 만큼 직접 지진을 겪지 않은 사람도 어떤 식으로든 영향을 받아 글을 쓸 것이라고 생각했다. 이시무레 씨의 입에서 흘러나온 말처럼, 사람들이 하는 말을 그러모아야 했다. 잃어버려서는 안 될 말이 있을 테니까.

다시 평소처럼 문을 열게 되었을 무렵, 가끔 오던 젊은 남성 손님이 말을 걸었다. 지진이 났을 때, 대피소에 《아르텔》을 가져갔어요. 그전까지는 별로 이야기를 나눠본 적이 없었지만, 그 말을 전하고 싶으셨던 것 같다. 《아르텔》로 잠시나마 스트레스에서 벗어나는 시간을 얻을 수 있었다면, 잡지를 만든 보람이 있었다는 생각에 기뻤다.

시간이 지나면서 진원지 부근의 분들도 찾아오셨다. 하지만 피해가 컸던 분일수록 말이 없었다. 할 말이 많은 사람일수록, 말을 하는 데는 시간이 걸릴지도 모른다.

지진 피해지에 넘쳐나는 말은, 흘려보내지 않고 길어 올려야 한다. 물론 매뉴얼과 방재물품도 필요하다. 하지만 그것만으로는 부족하다. 모두 다른, 저마다 전하고픈 말도 남겨야 한다. 지진 직후의 혼란 속에서도 말하고, 말하고 싶어 하는 사람들을 봤기 때문에 이 생각은 더 간절하다.

사카구치 교헤이에 대하여

구마모토에 없을 때와 우울할 때를 제외하면 매일 같이 와서 원고를 쓰는 사카구치 교헤이가 오늘도 왔다. 내가 원고를 쓰고 있는 걸 보더니 "사카구치 교헤이에 대해 쓰면 되잖아"라고 해서 그러기로 했다.

작가, 건축가, 화가, 음악가…… 그를 설명하는 이름은 많다. 그리고 사카구치 교헤이를 아는 사람은 대부분 알고 있지만, 양극성 장애다. 그래서 뭐, 라고 할 것도 아니지만.

양극성 장애 따위 감기 같은 것이라 누구라도 걸릴 수 있다. 물론 누구라도 걸릴 수 있으니까 별거 아니라고 말하는 건 아니다. 조증과 울증의 파도가 크게 일렁일 때는 힘들겠구나 싶다.

처음 만난 건 동일본 대지진 이후로, 교헤이가 구마모토로 막 돌아왔을 무렵이었다. 지금 생각해 보면, 그날 교헤이는 상당한 조증 상태였다. 더구나 지진과 원전 사고 직후라 상당히 예민한 시기였던 것 같다. 그와 친분이 있는 어느 잡지의 편집장이 행사를 위해 서점에 와 있었는데, 교헤이를 만나러 갈 건데 같이 가자고 해서 따라갔었다. 오래전부터 그를 잘 아는 편집장조차 괜찮을까 하고 걱정할 정도로 교헤이는 고양되어 있었다. 나는 교헤이가 스스로 양극성 장애임을 밝히고 있다는 사실을 아직 모를 때였다.

편집장이 나를 소개하자, 교헤이는 처음 만난 거 아니에요, 라고 했다. 아무래도 서점에 왔던 것 같았다. 당시, 그의 글은 『0엔 하우스』와 잡지에 실린 것 정도만 읽었고 재미있다는 생각은 했지만, 새 정부를 수립하고 총리를 자처하고 있는 데 약간 위화감이 있었다.* 그 와중에 상당히 들뜬 상태로 쉴 새 없이 말하는 교헤이에게 완전히 질린 나머지 몰래 밖으로 나

---

*2011년 동일본 대지진과 후쿠시마 원전 사고에 대한 정부의 무책임한 대응에 문제의식을 품고 벌인, 공동체 실험이자 퍼포먼스였다. 자신의 트위터 팔로워를 국민이자 장관으로 임명하고, 구마모토에 '제로센터'라는 피난처를 만들어 100명 이상의 피난민을 받아들였다.—옮긴이

가 그의 딸 아오와 놀았다. 그 뒤로 교헤이는 가끔 지인이나 친구를 데리고 왔지만, 제대로 이야기할 기회가 없어서 어색하고 불편한 마음을 안은 채 수년이 흘렀다.

그러던 어느 날의 일. 와타나베 교지 씨가 여느 때처럼 커피를 마시러 오셨다. 잡담을 나누는데, 사카구치 교헤이를 아느냐고 물어보셨다. 와타나베 씨는 지역 신문에 구마모토와 인연이 있는 사람과 나눈 대담을 연재했는데, 그중에 교헤이가 있었다. 대담을 계기로 친해졌다고 하셨다. 알고 있지만 별로 이야기해 본 적이 없다고 하자, 다이다이 서점 주인과 친해지고 싶은데 자기를 싫어하는 것 같다고 했다며 친하게 지내라고 하셨다. 싫어하는 건 아니라고 얼버무리자, 성격이 급한 와타나베 씨는 그럼 지금 오라고 해도 되냐고 하더니 바로 전화를 걸어버렸다. 그날도 이야기는 많이 하지 않았지만, 다음에 왔을 때는 전부터 여기서 원고 쓰고 싶었다며 그래도 되냐고 물어봤고, 그렇게 지금까지 이어지고 있다. 처음 문을 열었을 때부터 있었던 것처럼 자연스럽게 어울리고 있다.

요즘 교헤이는 우울한 상태인지 서점에 오지 않는다. 어제는 전화를 하더니, 자기가 무척 예민한 인간이라는 걸 알았다고 말하길래, 다들 알고 있다고 하니 뒤에서 그의 아내 후짱이 웃었다. 그렇구나, 아는구나, 하지만 괴롭고 힘들어. 늘 그렇듯 우울한 시기의 대화라서 걱정스러웠지만, 안심이 되기도 했다. 그래서 나는, 늘 하는 말을 했다. 괜찮아, 우울한 시기가 없으면 밸런스가 맞지 않을 정도로 마음도 몸도 혹사하니까 이런 날도 있어야 해. 실제로 조증일 때는 별별 생각을 다 하고, 그림도 글도 마구 쏟아낸다. 그림은 아이들이 하는 낙서보다도 빨리 그리는데, 전부 훌륭하다. 그럼 우울할 때는 아무것도 못하냐 하면, 그렇지는 않고 그때도 폭발적으로 글을 쓴다. 글밖에 쓸 수 없게 된다. 예전에는 우울할 때 쓴 글은 별로라고 생각했던 것 같은데, 오히려 훌륭하고, 스스로도 재미있는 글이라고 인정하게 되었다. 요즘은 기운이 나면, 빨리 우울해져서 그런 글을 쓰고 싶다고 말하기도 한다. 그래서 우울할 때는 자기가 했던 말을 상기시킨다. 괜찮다고 다독인다. 몇 번이고 괜찮다고 말한다. 하지만 불안해……. 쓰는 게 의미가 있을까, 하고 묻는다. 편집자들도, 나도 괜찮다고 하니까 믿어도 된다고 하면, 그제야 마음이 좀 놓인다며 전화를 끊는다. 전화를 건 그의 뒤에는 가족이 있다는 걸 알고 있기에, 나도 안심하고 전화를 내려놓는다.

이건, 평소에 그가 하는 일이다. 괴롭다고, 죽고 싶다고 전화를 한 사람들에게 사카구치 교헤이가 말하는 것이다(사카구치 교헤이는 자살 방지를 위해 자신의 휴대전화 번호를 공개, 자살 충동을 느끼는 사람들의 이야기를 들어주고 있다—옮긴이).

　우울해지면 명랑하게 전화를 한다. 우울해졌어, 이상한 걸 잔뜩 썼어. 전화로 낭독한다. 전화로 실컷 읽었으면서 서점에 와서 또 읽어준다. 그렇게 일상으로 돌아온다.

　그의 일상에는 먼저 가족과의 시간이 있다. 그 뒤에 밖으로 나가 글을 쓰기 시작한다. 우리 서점이 문 여는 시간에 맞춰 찾아온다. 한동안 수다를 떨다가 안쪽 자리에 틀어박혀 쓰기 시작한다. 가끔 내가 있는 카운터에 와서 낭독할 때도 있다. 원고지 10매 정도 쓰고 나면, 이메일로 보냈으니까 읽어 보라고 하며 대체로 오후 2시쯤 돌아간다. 저절로 써지는 건가 싶을 정도로 쓰는 게 빠르다. 눈앞에 있는 걸 그대로 쓰는 것처럼 보여서 영상 같은 게 보여?, 하고 물어보니, 영상도 아닌 무언가가 떠올라 그걸 글로 치환한다고 말한다. 잘 모르지만, 사고의 속도가 무척 빠른 것 같다. 그래서 몸이 균형을 맞추려고 우울한 시기가 오는지도 모른다.

　요즘에는 그림도 매일 그린다. 이 또한 열 장 정도 그리는 것 같다. 세는 걸 아주 좋아해서 쓰는 것도 그리는 것도 몇 장을 할 건지 정한다. 자기 몸과 잘 지내기 위해 여러 가지 일을 해보는 것이라, 그의 루틴은 자주 바뀐다. 하지만 쓰는 것만큼은 거의 매일 하고 있다.

왜 알게 된 지 얼마 안 된 나에게 갓 쓴 원고를 몽땅 보여줄 정도로 믿는 건지 신기하지만, 아마 서가를 신뢰해서 그런 게 아닌가 싶다.

다 그런 건 아니겠지만, 서가는 주인이 어떤 사람인지 드러낸다. 손님 중에는 보여주고 싶지 않다고 말하는 사람도 있다. 벌거벗은 모습을 보여주는 것만큼 부끄럽다고 한다. 그런 말을 들으니, 혼자 책을 고르는 나는 서가를 대공개하고 있는 셈이니 이보다 부끄러운 일도 없지 싶었다. 서점을 시작한 지 얼마 되지 않았을 때 손님이 그렇게 말하는 걸 듣고 처음으로 깨달았지만, 이젠 어쩔 수 없는 일이다. 뭐, 볼품없는 몸이니까 차라리 서가 쪽이 낫지 않나 싶다.

사카구치 교헤이는 동물처럼 감이 좋은 사람이라, 서가에 꽂힌 책을 보고 내가 자기를 이해해 줄 사람이라고 느끼고 신뢰한 것 같다. 그렇지만, 딱히 책을 많이 읽는 사람은 아니다. 책과 가깝긴 하지만, "난 책 못 읽으니까…"라고 말한다. 요즘엔 약간 읽을 수 있게 된 것 같지만. 확실히 책을 읽는다고 할 수는 없지만, 마음에 든 책을 띄엄띄엄 넘기면서 필요한 부분만 찾아낸다. 그건 정말 천재적으로 잘한다. 찾는다기보다는 그 부분이 눈에 들어오는 것 같다. 예를 들어 300쪽의 책을 3쪽만 읽어도, 어쩌면 나보다 더 그 책을 잘 이해하는지도 모른다.

내가 무척 평범한 사람이라 그가 다재다능하다는 걸 잘 안다. 솔직히 대단하다고 생각하지만, 부럽지는 않다. 재능이 있다는 건, 그만큼 힘들 거라고 생각하니까. 그보다 부러운 건 사람을 대하는 방식이다. 어린이든 어른이든, 노숙자든 부자든, 병든 사람이든 건강한 사람이든 차별하지 않는다. 나도 그렇게 하고 싶다고 마음속 깊이 다짐하지만, 그러고 있는지는 자신이 없다. 물론 안 맞는 사람도 있는 것 같고, 호불호도 분명해 보인다. 하지만 그 속에 편견이란 게 없다.

갑자기 내일 다이다이 서점에서 창작 수업을 해볼까, 하고 말을 꺼낸 적이 있었다. 다른 사람이 그랬으면 놀랐겠지만, 사카구치 교혜이라서 놀라지 않았다. 괜찮다고 대답하자 바로 트위터에 공지했다. 다들 농담인 줄 알고 아무도 안 오고 말이야. 그럴 수도 있겠다며 웃었지만, 수업 당일 적당한 인원이 모였다. 열다섯 명. 에도 시대의 데라코야(조선 시대의 서당과 비슷한 역할을 한 사설 교육기관—옮긴이)처럼 다양한 사람이 모였다. 남자, 여자, 작가가 되고 싶은 사람, 그저 글을 쓰고 싶은 사람. 쓰고 싶지 않은 사람도 있었을 것이다. 나이도 다양해서 어린이도 한 명. '삶을 위한 글쓰기 교실'이란 제목의 강의에 여덟 살 초등학생이 참석했다. 유히. 우리 서점에서 일했던 직원의 아들이다. 엄마 배 속에 있을 때부터 왔으니까, 태어나기 전부터 단골이다.

어린이를 대등하게 대한다는 건 생각보다 어렵다. 교헤이는 그걸 무의식적으로, 아무렇지도 않게 잘 해낸다. 강의 중에 어려운 단어를 알기 쉽게 설명하는 것 외에는 초등학생이 있다는 걸 전혀 의식하지 않고 말했다. 그리고 유히도 주눅 들지 않고 지루한 기색 없이 다른 누구보다도 진지하게 귀를 기울였다. 졸리면 엄마가 있는 갤러리로 가서 자도 된다고 해도 괜찮다며 2시간 가까이 강의를 듣고 마지막에는 질문도 했다.

어린이와 같은 눈높이에 있기 때문에 이야기가 통하는 게 아닐까 싶다. 어린이뿐만이 아니다. 교헤이는 그 누구도 낮잡아 보려 하지 않는다.

사는 게 힘든 사람은 글을 쓰면 좋다. 교헤이는 자주 그렇게 말한다. 유히도 살기 힘든 타입일지도 모른다고 유히 엄마는 말하지만, 요즘에는 제대로 생각하는 아이일수록 학교에 가는 게 큰일이 아닐까 싶다. 유히는 열심히 생각한다. 어른의 이야기를 진지하게 들어준다. 그래서 사는 게 힘들지도 모르겠지만, 분명히 매력적인 어른이 될 것이다. 머리를 있는 대로 다 쓴 이날, 유히는 녹초가 되었겠지만, 언젠가 떠올릴 특별한 하루였을 것이다.

우리 서점에 자주 오는 마-군은 친구의 아들인데 자폐증 진단을 받았다. 당연하지만, 우리 서점에서는 아무 상관 없는 일이다. 나도 신경 쓰지 않고, 손님들도 신경 쓰지 않기 때문이다. 그래서일까. 마-군은 우리 서점을 마음에 들어 한다.

마-군은 좋아하는 사람의 귓불을 만진다. 어느 날, 마-군이 갑자기 귓불을 만져서 의아했는데, 친구가 가르쳐주었다. 친해졌다 싶어 기뻤다. 하지만 친구는 지금은 괜찮지만, 나중에 커서 모르는 사람한테도 그러면 어쩌나 걱정이라고 했다. 남자아이니까. 그 이야기를 다른 손님에게 하니 걱정하지 않아도 된다고 했다. 마-군이 마음에 들어 해서 귓불을 만질 만한 사람이니까 문제없을 거야. 정말 그렇네, 하고 감탄했다. 미처 생각하지 못했지만, 손님이 말한 그대로다. 마-군은 믿을 만한 사람을 스스로 선택한다. 그중에 교헤이가 있다. 가끔 원고를 쓰고 있는 교헤이의 등에 매달리기도 한다. 마-군도 교헤이도, 믿을 만한 상대를 고르는 능력이 우리보다 훨씬 뛰어나다.

우울한 상태에서 벗어난 교헤이에게 지금 이 글을 쓰고 있다고 하니까 진짜 쓰는 거냐며 웃었다. 여자관계에 대한 건 쓰지 않으니까 걱정하지 않아도 된다고 하니 또 웃었다. 하지만 이걸 읽어 보고 싶다고 하면 바로 폐기할 작정이다. 양극성 장애라 해도 괜찮다고 하고 싶어서 쓰는 글이니까, 당사자가 싫다고 하면 아무 의미가 없다.

교헤이가 쓴 『가족의 철학』이라는 책이 있다. "눈을 뜨면 나는 죽고 싶었다"라는 첫 문장으로 시작한다. 하지만 죽지 않는 소설이다. 이 소설을 읽은 그 누구도 죽고 싶다고 생각하지 않을 소설이다. 우울하지 않을 때는 이거 꽤 재미있지 않냐며 자신만만하게 쓰더니, 우울해지자마자 괜찮을까, 안 팔리겠지, 하고 불안해하며 쓴 책이다. 나는, 확실히 그렇게 팔리진 않을지도 모르겠다고 말했다. 좋은 책이라고 해서 날개 돋친 듯

팔리는 건 아니야. 오히려 잘 안 팔릴 때도 많으니까 많이 안 팔린다고 너무 실망하지 마. 그래도 분명히 읽는 사람이 있을 거야, 라고.

교헤이는 지금도, 매일 쓴다. 곧 새 책이 나온다. 그 책도 비슷한 방식으로 썼다. 아마 다음 책도 그럴 것이다. 그렇게 머릿속에서 아무에게도 의뢰받지 않은 건축물을 계속 만들고 있다. 아마 교헤이의 건축물은 머릿속이라는 무한한 공간이 아니면 만들어낼 수 없을 것이다. 그리고 그 구조물을 읽는 우리는, 그것을 더 자유롭게 다시 만들면 된다.

나도 언젠가 기분이 가라앉아 바깥으로 한 걸음도 나가지 못할 날이 올지도 모른다. 그때는 『가족의 철학』이나 『현실이 깃든 집』을 읽으면 되지 않을까. 아니면, 아직 나오지 않은, 지금부터 세상에 나올 준비를 하는 사카구치 교헤이의 책을.

술김에 시를 사다

막 문을 닫으려 할 때쯤, 살짝 술 냄새를 풍기며 알딸딸한 모습으로 나타나는 손님이 가끔 있다. 대부분 남자인데, 시집을 사는 사람이 많다. 근처에 술집이나 바가 많아서 한잔하고 돌아가는 길, 불빛에 이끌려 무심코 들어오는 게 아닐까 싶다. 밤늦게까지 하지 않아서, 문을 닫을 즈음이라고 해도 그렇게 늦은 시간은 아니라 거나하게 취한 사람은 없다. 약간 대범해진 정도로 기분 좋게 취한 손님들. 글자는 읽을 수 있지만, 술기운 덕분에 빽빽한 건 머리에 들어오지 않으니 한 줄 한 줄 길게 늘어선 시집에 눈길이 가는 건지도 모르겠다.

술을 마신 다음 날 아침, 찌뿌둥하다고 생각하며 무심코 식탁을 보니 시집이 놓여 있다. 그러고 보니 뭘 샀던 거 같기도 하고. 기억하는 사람이 있는가 하면, 놀라는 사람도 있을 것이다. 좋아하는 시인의 시집일 수도 있고, 시집을 처음 샀을지도 모른다. 그런 생각을 하며 거스름돈을 건넨다. 뒷골목에 있는 작은 서점이라, 그런데 이걸 어디서 산 걸까, 하고 여우에게 홀린 기분일지도 모른다. 시집을 판 내가 다 즐거워진다. 혹시 첫 시집이라면 문득 소리 내 읽어보려나. 그거 뭐야? 애인이 물어보면 시 한 편을 읽어주는 것도 조금 즐거울 것 같다.

이렇게 멋진 시집 전문 서점이 있는 줄 몰랐습니다.
전에 시집을 몇 권 사간 손님이 건넨 말에 깜짝 놀랐다. 물론, 시집 전문 서점이 될 생각은 없다. 그 어떤 책의 전문 서점도 아니다. 그저 작은 서점일 뿐이다. 하지만 기뻐하는 것 같은 손님에게 아니라고 말할 수는 없다. 감사하다고 인사할 뿐이다. 원래 자수 가게가 있던 자리라서 속으로 동음이의어네, 하고 중얼거렸다(시집詩集과 자수刺繡는 '시슈ししゅう'로 발음이 같다―옮긴이). 아마도 시가 너무 좋아서 작은 서점 안의 한켠, 시집이 있는 곳만 바라봤을 것이다. 저렇게 기쁜 얼굴로 사 가는 책은 행복할 것이다.
원래 책을 분야별로 나누는 걸 좋아하지 않아서 별다른

구분 없이 서가를 채웠다. 그런데 손님에 따라 말하는 게 다르다. 그림책이 잔뜩 있네요. 인문서가 많네. 번역서 중심이네요. 모두 관심 있는 곳에 먼저 눈이 가서, 그 부분이 서점의 얼굴이 되는 걸까. 궁금한 책에 시선이 갔다가, 그 옆에 있는 책을 보니 그것도 읽고 싶어지고⋯⋯ 그런 식으로 식물이 자생하듯 서가를 채울 수 있다면 좋겠다. 그렇게 되기까지는 아직 한참 멀었다.

솔직히, 시가 뭔지 잘 모르겠다. 손님 중에는 시인도 많다. 그들의 시집도 읽는다. 하지만 그들과 시 이야기를 한 적은 없는 것 같다. 시를 쓴 배경이나 의도 등을 물어보는 건 멋없는 일이지 싶다. 시는, 쓰여진 순간, 시인의 몸을 떠나 자유로워진다. 읽는 사람들도 자유롭게 읽으면 된다. 하지만 나는 단어에 얽매이는지 시를 잘 음미하지 못한다. 시 하나를, 내가 썼다고 착각할 정도로 여러 번 읽으면, 한 편의 시가 보일지도 모르겠다. 이런 생각을 하면서도 인내심이 없어서 금세 이 책 저 책 기웃거려, 시는 내 주위를 빙빙 맴돌기만 할 뿐, 좀처럼 붙잡지 못한다. 아직 시 한 편을 외워본 적이 없다.

젊은 시절, 나에게 시인은 록가수 고모토 히로토였다. "시궁쥐처럼 아름다워지고 싶어." 이 한 줄에 열광한 청춘은 수만 명이 넘을 것이다. 그 덕분에 노랫말도 시라는 걸 알았다. 요즘 젊은이들도 아이돌의 노래를 들으며, 랩의 비트를 타면서 새겨진 말을 시라고 느낄지도 모른다.

쓰즈키 교이치가 쓴 『힙합의 시인들』이란 책이 있다. 일본의 한구석에서 래퍼라는 이름을 단, 거리의 시인들을 찾아내고 취재해 그들의 말을 소개한 책이다. 이젠 완전히 나이가 들어서 일단 클럽 같은 데는 가지 않는다. 래퍼 이름도 잘 몰라서 유튜브에서 찾아 듣는 일도 없었다. 하지만 이 책을 읽다 보니 당연하게도 듣고 싶어졌다. 하나하나 찾아 듣다가, 고바야시 가쓰유키라는 래퍼의 〈108 bars〉에 푹 빠졌다. 쓰즈키 씨가 이렇게 소개한 곡이다. "큰 기대 없이 샀고, 핸드폰 등을 보면서 컴퓨터로 첫 번째 곡을 듣기 시작한 순간, 나는 키보드에 손을 얹은 채 꼼짝도 하지 않았다." 이렇게까지 말한다면 안 들을 수가 없다. 그렇게 나도 움직이지 못했다. 흐르고 있는 건, 틀림없는 시였다. 빌 위더스의 〈린 온 미〉의 인트로가 길게 반복되면서, 도시 한구석에서 몸부림치는 젊은이의 나날이 펼쳐진다. 그곳에는 진실만 있다. 그들은, 자신들의 현실을 말로 표현한다. 노래한다.

    쓰즈키 씨는 언제나 무대 위에 오르지 않는, 몰랐던 시를 소개한다. 사형수의 하이쿠. 폭주족의 특공복에 수놓아진 시. 독거노인의 중얼거림. 밟힐 듯 길가에 떨어져 있는 말을, 쓰즈키 씨는 정성 들여 주워 모은다. 잘한다거나 못한다거나, 사람들이 판단하는 말이 아닌, 그저 거기 존재하고 있는 것으로 의미 있는 말. 스스로 진짜라고 생각하는 말을 쓸 수 있다면, 노래할 수 있다면, 말할 수 있다면, 그것이 시일지도 모른다.

    집시에 관한 책을 몇 권 두어서 그랬을까. 서점에 놀러 온 시인이, 자기 친구가 집시이자 시인이었던 여성을 모델로 한 소설을 번역하고 있다고 알려주었다. 얼마 지나지 않아 그 번역자가 책을 보내주었다. 『졸리』라는 책이다. 파푸샤라는 시인을 모델로 한 주인공의 이름은 '졸리'. 그녀는 나치 친위대에 가족이 참살당하지만, 할아버지와 함께 살아남는다. 할아버지에게 읽고 쓰는 걸 배워 이윽고 시를 쓰기 시작하지만, 글을 읽고 쓸 줄 안다는 것은 집시 공동체에선 금기로, 졸리는 '부정한 존재'로 여겨져 영원히 추방당한다. 그 뒤에도 그녀의 인생에는 시련이 이어지지만, 나머지 이야기는 직접 읽고 확인하면 좋겠다. 마지막 한 줄을 읽고 나서 내 마음속에는 졸리가 자리잡았다. 그건 졸리이면서 파푸샤였다. 구전되어야 할 말과 노래를, 규율을 어겨가면서까지 문자로 남기려 했던 건 무슨 까닭이었을까. 모든 걸 잃어버릴 수도 있다는 걸 알고 있어도, 도저히 저항할 수 없을 정도로 '시를 쓰고 싶다'는 욕구가 그녀에게 있었다. 그렇게 강렬한 욕구를 품어 본 적이 없어서 더욱 그녀에게 매료되었다.

이 책을 읽고 나서 몇 년이 지나 모델이었던 파푸샤를 주인공으로 한 영화 〈파푸샤〉가 공개되었다. 내려다보는 시점의 영상이 특히 아름다웠는데, 공들여 인화한 흑백 사진을 보는 것 같았다. 영상 또한 시였다. 영화 개봉에 맞춰 그녀의 시가 처음으로 번역되었다. 쭉 애타게 그리워하던 사람을 만난 듯한 기분으로 읽었다.

> 나는 가난한 집시 여인.
> 불행하고 무엇 하나 가진 게 없지.
> 그렇게 노래하면서, 또 이렇게도 노래해.
> 아아, 숲은 이렇게 아름답게 속삭이고
> 오월에는 온 세상이 아름다워져,

모든 것이 살고 싶어 하지.

파푸샤는 아무리 비관해도 자신을 가엾게 여기지 않고, 세상의 아름다운 순간을 바라본다.

소설을 읽고, 영화를 보고, 시를 읽었더니 마음속에 깃든 소녀가 이번에는 노래를 부르기 시작했다. 물론 실재하는 파푸샤는 만날 수 없고, 그녀의 진실이 무엇인지도 알 수 없다. 어쩌면, 후회로 가득한 인생이었을지도 모른다. 하지만 나만의 파푸샤가 있는데, 그게 무슨 문제일까.

파푸샤의 시집 『파푸샤, 그 시절의 세계』에는 다니카와 슌타로의 해설이 있다. 다니카와 씨는 "그녀의 시가 내 마음보다도 더 깊은 '영혼'에 닿았다"라고 썼다. 두 사람은 비슷한 시기인 십 대 후반에 시를 쓰기 시작했다고 한다. 그로부터 반세기 이상이 지난 지금도 다니카와 씨가 순수한 감수성을 잃어버리지 않은 것에 많은 사람이 감탄을 금치 못하고 있다. 비좁은 우리 서점에도, 둘러보면 곳곳에 다니카와 씨가 있다. 시집은 물론이고 그림책, 에세이, 사진집, 그리고 번역, 누군가의 책 띠지에도 등장한다.

서점 문을 연 뒤로, 서점 안에서 연시連詩가 두 번 완성되었다. 연시 쓰기 모임을 이끈 건, 다니카와 씨였다. 연시를 쓰자고 하는 건, 언제나 시인 이토 히로미 씨. 몇 명의 시인이 모여 머리를 맞대고 시상을 떠올리며 시의 바통을 이어간다. 그럴 때 다니카와 씨가 제일 경쾌하다. 합숙하듯 와자지껄 시어를 궁리하는 시인들 옆에서, 일상의 연속처럼 시를 쓴다. 그렇지 않을 수도 있지만, 그렇게 보인다. 아침에 일어나 밥을 먹었더니 눈앞에 시어가 나풀나풀 내려앉아서, 그걸 주웠더니 시가 완성되었습니다. 그렇게 보인다. 모두 끙끙거리고 있는 옆에서 자기 차례가 끝나면 서가를 둘러보거나 빙수를 먹는다. 본인이 경쾌하니 시도 경쾌해서, 다니카와 씨의 시어는 아무 생각 없이 읽어도 마음 깊숙이 와닿는다.

서점 안에 "이것도 저것도 뭐든 오만코 여기도 저기도"라는 낙서가 있다. 그 아래에 작게 '슌'이라고 적혀 있다. 다니카와 씨가 첫 번째 연시 쓰기 뒤풀이에서 낭송한 시의 한 구절이다. "하늘도, 꽃도, 바람도 하고 싶어"로 끝난다. 이토 씨가 매력적으로 웃으며 「난데모오만코」가 듣고 싶다고 졸라서 다니카와 씨의 낭송으로 들을 수 있었다. 이토 씨가 조르면, 그 누구도 당해내지 못한다. 낭송은 무척 관능적이었고, 그 자리에 있던 여자들은 모두 황홀경에 빠졌다.

말은 사람을 황홀하게 하기도 하고, 눈시울을 붉히게 하기도 하고, 때로는 칼날이 되어 찌르기도 한다. 그래서 말을 너무 믿지 말자고 다짐한다. 그러면서도 말의 힘을 믿고 누군가에게 건넬 때도 있다.

나쓰하샤라는 작은 출판사에서 나온 『작별 인사 후에』라는 책이 있다. 띠지에 "가장 큰 슬픔에"라고 적혀 있다. "죽음은 아무것도 아닙니다"라는 첫 문장으로 시작하는 책. 단 하나의 시가 한 권의 책을 이루고 있다. 이 시를 만나고 어떤 죽음으로부터 다시 일어설 수 있었기에 이 책을 만들고 싶었다고, 나쓰하샤의 시마다 준이치로 씨는 말한다. 그래서 이 시가 슬픔에 잠긴 사람의 마음에 위로가 된다면, 그보다 더 기쁜 일은 없을 거라고.

이 책을 처음 서점에 들이고 며칠이 지나, 한 손님이 두 권을 품에 안고 계산대로 왔다. 한 권은 선물용이었다. 이 손님과 손님의 소중한 누군가에게 슬픔이 찾아온 걸까. 그런 생각을 하며 포장을 했다. 그때, 이 책은 갑자기 필요할 수 있으니 재고가 떨어지지 않게 해야겠다는 생각이 들었다. 시마다 씨에게

이 이야기를 전하자 이런 이야기를 들은 것만으로도 이 책을 낸 보람이 있네요, 라고 했다.

어쩌면 모든 책에 시가 존재하는지도 모른다. 이시무레 미치코의 『고해정토』는 발표 당시 세간에서는 논픽션으로 여겨졌다. 물론 그런 측면도 있다. 하지만 오랜 동지였던 와타나베 교지 씨는 줄곧 문학 작품이라고 말한다. 이시무레 씨는 하나의 직함을 말할 때는 시인이라고 하신다. 그리고 『고해정토』는 시로 넘쳐흐른다. 『고해정토』를 읽을 때, 나는 소리 내서 읽는다. 여러 번 반복해 소리 내서 읽는다. 말을 씹어 삼키듯, 온몸으로 받아들인다. 그럴 때, 나는 유키나 모쿠타로가 되어 있다.

> 내는 바다로 가볼라 한다잉.
> 사람이 죽으면 또 사람으로 태어나는 것잉가.
> 팔랑, 살랑살랑, 사라락, 쩌그 꽃이
> 오메, 꽃.
> 근디 말여, 이다음에 태어날 땐 말여, 짐승……짐승으로 태어나불랑께.

미나마타병 환자 역시 시인이었다. 말할 수 있는 자도, 말할 수 없는 자도, 그 떨리는 입으로, 손으로, 온몸으로 말한다. 그걸 보고도 못 본 척하는 우리에게, 외면하면 안 된다고 이시무레 씨가 그들의 시를 내밀었다.

시는, 곳곳에 있다. 모든 사물에 존재한다. 꽃, 하늘, 달. 흘러가는 구름. 반짝이는 빛. 쏟아지는 햇살. 눈물이 흘러내리는 순간. 놓인 손. 누군가에게 닿고 싶은 마음.
그것을 느끼는 순간, 어떻게든 말로 표현해 보려고 인간은 헛된 노력을 하고 있는지도 모른다. 불가능하다는 걸 알면서도.

찍히지 않은 것

철이 든 무렵부터 사진 찍는 게 싫었다. 그래서 어린 시절의 앨범은 하나밖에 없다. 게다가 마지못해 찍어서 오만상을 찌푸리고 있는 사진이 대부분이다. 카메라를 들이대면 기분이 나빠져서 구석으로 가 등을 보이고 있었다. 그 증거로 양 갈래로 땋은 머리를 카메라 쪽으로 향한 채 쪼그리고 앉아 있는 사진이 있다. 지금도 좋아하지 않는다. 이젠 얼굴을 찌푸리진 않지만, 대체로 잘 웃지 못하고 얼굴이 굳어 있다. 그런데도 사진을 보는 건 좋아한다. 어린 시절의 불만으로 가득한 뒷모습조차 즐겁게 본다. 그 한 장의 사진 덕분에 내 마음을 제대로 표현하지 못했던 답답함을 떠올릴 수 있다. 그리고 그걸 받아준, 그 뒤에 있던 사람들의 눈빛도.

아주 가깝게 지내는 사진가 친구가 있다. 가와우치 린코. 구마모토에 촬영차 왔던 그녀를, 공통의 지인이 서점에 데려오면서 처음 만났다. 사실 그때 속으로는 만나지 않아도 된다고 생각했다. 그녀의 사진을 무척 좋아했기 때문이다. 만나고 나면 앞으로 사진을 볼 때 선입견이 생길지도 모른다는, 시시한 걱정을 하고 있었다. 하지만 쓸데없는 걱정이었다. 만나고 난 뒤에도 그녀의 사진은 여전히 훌륭했고, 더 깊이 그녀의 사진을 이해할 수 있게 되었다. 그녀는 마음의 움직임에 아주 민감한 사람이다. 그래서 그녀의 사진에는 거기에 찍히지 않은 것이 많이 보인다. 그녀와 만난 지금은 그런 걸 알게 되었다. 만남으로써 선입견이 아닌 부가가치가 붙었다.

그녀의 작품에 『Cui Cui』라는 사진집이 있다. 13년에 걸쳐 가족을 찍은 사진집이다. 할아버지와 할머니가 손을 잡고 있는 사진을 자꾸 봤더니 두 분이 더 이상 남 같지 않다. 우리 할머니와 할아버지 사진보다 더 많이 봤을 정도다. 표지는 다 먹고 남은 수박껍질. 결혼식, 출산, 장례식…… 끝없이 이어진 가족의 삶. 그 안에는 사진을 찍은 그녀도 모르는 시간이 담겨 있다. 그녀의 조부모님이 젊었던 시절. 그녀를 품었던 어머니가 친정에서 보낸 시간. 그곳에서 계속된 평범한 시간의 축적이 사진마다 깃들어 있다. 사진에는, 사진을 찍는 그녀의 감정도 드러난다. 가족을 바라보는 다양한 감정의 시선이 보인다. 피사체에 애정이 있는 사람이 찍은 사진에는, 그 시선이 담겨 있다.

보고 있는 우리들의 시간도 그 사진에 나타난다. 여름방학은 자주 할머니 댁에서 보내야 했다. 더운 여름날, 은색 대야에 물을 받아 씻고, 툇마루에서 수박을 먹었다. 수박씨 멀리 뱉기를 했었지. 다 먹은 수박껍질에는 개미가 꾀었는데. 기억은 잇달아 되살아난다. 수박껍질에 조금 남아 있는 붉은 속살을 보고 있었을 뿐인데, 눈앞에 여러 장면이 떠오른다. 나무에 매달린 매미의 허물. 천천히 흔들리는 부채. 모기향이 보여주는 바람길. 할머니가 돌아오는 게 늦는 날의 쓸쓸한 해 질 녘. 가만히 보고 있으면 슬프지도 않은데 괜히 눈물이 날 것 같은 그런 사진. 왜 그럴까. 그 시절은 지나가고 다시는 돌아오지 않기 때문일까.

가족이란 불가사의한 존재다. 가족이라는 공동체에서만 느낄 수 있는 감정이 있다. 그 감정에 아름다운 것만 있지는 않다. 나는, 남부럽지 않게 가족의 사랑을 받았다고 말하기 어려운 환경에서 자랐다. 가족이란 존재에 부정적인 감정을 품은 적도 여러 번 있다. 그런데도 이 사진집을 보고 있을 때 피어오르는 감정은, 따스함뿐이다. 마치 그녀의 시선이 내 마음에서 불순물을 걷어내고, 맑게 정화한 뒤에 건져 올린 것처럼 느껴진다. 그래서 울고 싶어지는 것일지도 모른다.

이렇게 글을 쓰고 있으면, 사진이 부러워진다. 아무리 많은 글을 써도, 마음을 제대로 드러내는 건 잘되지 않는다. 마음속 감정을 끄집어내 말로 옮기는 건 무척 어렵다. 그런데도 사진은 일순간을 포착함으로써 글로는 나타낼 수 없는 것을 선명하게 표현한다. 그 속에는 시가 있고 이야기가 있다. 단 한 장의 사진 속에, 끝나지 않는 이야기가 계속해서 존재한다. 볼 가치가 있는 사진이란 그런 것이다.

오리지널 프린트를 보는 건 좀처럼 하기 어려운 경험이다. 지방에 살다 보니 사진전에 많이 가 보지는 못했지만, 뇌리에 깊이 남은 사진이 여러 장 있다. 물론 인화된 사진이 사진집보다 더 낫다는 뜻은 아니다. 사진집은 오리지널 프린트의 복사본이 아니다. 그 자체로 하나의 독립된 작품이다. 사진가 친구는 책 읽는 걸 무척 좋아하고, 사진집 만드는 과정을 매우 중요하게 여긴다. 사진과 사진의 배치에 따라 사진집을 보는 독자의 생각이 달라진다. 손끝에 느껴지는 감촉, 종이의 질감, 책 등 디자인, 모든 것이 이야기를 엮는 데 도움이 된다. 사진집을 펼칠 때마다, 그 안에는 다른 이야기가 보인다. 보는 사람의 상태에 따라 사진이 달리 보일 때도 있다.

사진집은 독자에게 페이지를 넘기는 걸 맡긴 것 같지만, 오리지널 프린트는 사진 자체의 힘으로 보는 사람의 발걸음을 멈추게 한다.

후루야 세이이치의 사진전 〈메무아르 Mémoires〉를 보러 간 적이 있다. 스스로 생을 마감한 아내와 오랜 세월 마주하고 있는 사진가. 사진 속 그의 아내의 꿰뚫어 보는 듯한 눈빛에 여러 번 눈을 뗄 수 없었다. 그다지 자랑할 만한 일은 아니지만, 도시와 달리 구마모토의 갤러리는 한산해서 한 장의 사진 앞에 오래 머무를 수 있는 호사를 누릴 수 있다. 그러나 움직이지 않는다기보다, 움직일 수 없게 하는 사진이었다. 우리는 사진을 보기 전부터 그녀가 죽었다는 사실을 알고 있기에, 보는 내내 죽음을 강하게 의식할 수밖에 없다. 그렇다면 왜 그 사진에 끌리는 걸까? 보고 싶은 걸까? 설명이 잘 안 된다. 그저 보고 싶을 뿐이다. 죽은 그녀를 바라보며 자신의 삶을 강하게 의식하는 동시에, 삶이 죽음의 일부라는 것도.

사진은 물체에 반사된 빛을 찍는다. 빛만 반사되는 건 아니다. 피사체를 바라보는 촬영자의 마음도 반사된다. 그 반사를 포착한 피사체의 마음도 담긴다. 그리고 그 순간이 지나고 나서도 사진은 계속 달라진다. 그 사진을 현상하고, 인화하고, 다른 사람에게 보여준다. 보여주는 사람의 마음, 보는 사람의 마음이 달라지면 사진도 달라진다.

〈메무아르〉는 시간의 흐름에 따라 구성된 전시가 아니었다. 전시 마지막 부분에 아내 크리스티네를 만난 지 얼마 되지 않은 무렵 이즈반도에서 찍은 사진이 있었다. 그 사진만 본다면, 아무 그늘 없이 사랑스럽게 웃는 얼굴이다. 그 사진에 이르기까지 다양한 크리스티네를 보았다. 아들을 웃는 얼굴로, 혹은 무표정하게 바라보는 크리스티네. 아들 곁에서 무너져 내린 듯 주저앉아 흐느끼는 크리스티네. 현실로 끌려 돌아오는 순간, 현실로 돌아가지 못한 채 머무는 시간. 세상을 떠난 뒤의 공간에 존재하는 크리스티네. 모든 걸 본 뒤에 마주한, 사랑스러운 미소를 띤 크리스티네는, 그 한 장만 봤을 때와는 분명히 다르다. 이 또한 사진의 매력이다.

전쟁터, 난민, 광부, 공해병 환자…… 기록으로서의 사진이 있다. 한 장의 사진이 수많은 문헌을 읽는 것보다 더 설득력 있게 다가올 때가 있다. 예전 거리의 사람들을 찍은 사진을 보면, 인물뿐만 아니라 배경에 찍힌 모든 것에 시대가 반영되어 있다. 개인의 기록으로 찍은 사진에도 그 배경에는 사회가 담겨 있다. 그렇게 생각하면, 가정의 앨범 또한 보도사진이라고 할 수 있지 않을까.

보도사진을 꾸준히 찍는 사진가 중에는, 찍어야 할지 말지 끊임없이 자문하며 셔터를 누르는 사람도 있을 것이다. 피사체의 상황이 가혹하면 가혹할수록 찍는 쪽도 당연히 스트레스를 받는다. 94세로 세상을 떠날 때까지 사진 찍는 걸 멈추지 않은 보도사진가 후쿠시마 기쿠지로. 그가 찍은 최초의 피사체는 히로시마 원폭 피해자였다. 10년에 걸쳐 피해자의 고단한 생활을 기록한 후쿠시마 기쿠지로는 한동안 신경쇠약으로 입원 생활을 했다고 한다. 그럼에도 그는 촬영을 선택한다. 만년에는 바람만 불어도 쓰러질 듯한, 뼈와 가죽만 남은 몸으로 원전 사고 이후의 후쿠시마를 찍으며 끝까지 반골 기질을 드러냈다.

세바스티앙 살가두의 사진은 다큐멘터리 사진, 보도사진이라고 하지만, 그의 사진을 본 사람은 누구나 아름답다고 느낄 것이다. 굶주리는 아이들과 갈 곳 잃은 난민을 찍은 사진이 아름답다고 하는 걸 불편하게 여기는 사람도 있다. 그런 곳에서 사진을 찍는 것보다 먼저 해야 할 일이 있지 않냐고 생각하는 사람도 있을지 모른다. 저마다 감상은 다르겠지만, 나는 살가두의 사진이 아름다워서 뭉클했고, 매료되었다. 아름다움은, 그 피사체를 떠올리며 상상력을 발휘하게 도와준다. 나와 아무 상관 없다고 생각하기 쉬운 사람이나 장소에 대한 책임을 피하지 않는 데, 한 장의 사진은 큰 역할을 한다.

구마모토 지진이 일어나기 직전에 구마모토시 현대미술관에서 친구의 사진전이 열렸다. 초기의 대표작부터 최근 작품까지 볼 수 있는 충실한 구성으로, 최신작은 이 전시를 위해 구마모토에서 촬영했다.

전시 타이틀은 〈강이 나를 받아 주었다〉. 주최 측에서 사전에 구마모토 내 추억의 장소와 그에 얽힌 사연을 주제로 에세이를 공모했고, 선정된 장소를 친구가 사진으로 담았다. 누군가의 추억이 그녀를 부르고, 그녀의 시선이 그 추억을 재현했다. 대부분 특별한 게 없는 곳이지만, 모두 누군가의 특별한 장소다. 구마모토에 큰 지진이 일어난 지금, 그녀의 사진이 더욱 특별한 의미로 남은 사람도 많을 것이다.

그중에 '오렌지'의 사진이 있다. 과일이 아닌, 내가 운영 중인 카페의 이름이다. 먼저 카페를 열고 나중에 서점을 시작했는데, 카페 이름이 '오렌지'라 서점을 '다이다이 서점'이라고 했다(다이다이橙는 감귤류 중 하나이며, 오렌지색·주황색 등을 뜻하는 다이다이이로橙色의 준말로 쓰이기도 한다—옮긴이). 입구는 다르지만, 내부는 이어져 있다. 친구가 그 오렌지 쪽 입구를 자신의 추억의 장소로 찍었다. 전시 기간 동안 미술관과 동시에 그녀의 사진전을 열어서 아울러 보러 온 손님도 많았다. 그런 와중에, 이틀 연속 오셨던 도쿄에서 온 손님이 여기를 찍은 사진이 미술관에 전시되어 있냐고 물어보셨다. 단골손님도 눈치 채지 못한 사람이 많았는데, 용케 알아차렸다 싶어 놀랐다. 그 사진을 보고 왠지 그리운 것 같기도 하고, 쓸쓸한 것 같기도 한 그런 기분이 들었다고 하셨다. 문밖에서 바라본 불빛이 인상적이었다고 하면서.

여기를 찍는다고 했을 때, 어디를 찍으려는 걸까 싶었는데 입구였다는 게 의외였다. 하지만 도쿄에서 오신 손님의 말에 친구가 한 말이 떠올랐다. 촬영을 마치고 돌아왔을 때 나 왔어, 라고 말할 수 있는 곳이 생겨서 기뻐. 만난 지 얼마 되지 않앉을 때 그렇게 말하곤 했다. 그 후에 도쿄로 돌아갈 때 약간 쓸쓸해 보이던 그녀의 얼굴도 떠올랐다. 그리고 거기에 여러 단골손님의 얼굴이 겹쳐졌다.

바깥에서 찍은 입구 사진이었다. 멀리서 찾아왔을 때. 촬영을 마치고 돌아왔을 때. 도쿄로 돌아가는 길에 잠시 뒤돌아볼 때. 그녀는 이 미닫이문의 입구를 바라본다. 그녀가 입구를 찍겠다고 결정한 마음을 조금은 알 것 같았다.

지진의 영향도 있어서 15년을 보낸 이곳을 뒤로하고 자리를 옮기게 되었다. 이사 준비를 하면서 천천히 손님들에게 소식을 전하자, 사진을 찍어도 되냐고 묻는 손님이 늘었다. 예전에 일했던 직원도 귀성길에 와서 아이와 기념사진을 찍었다. 그 모습을 보면서, 찾아온 사람들 저마다의 추억이 되겠구나 싶어 뭉클해졌다. 그 사진은 앨범에 남고, 아이는 조금씩 자란다. 하지만 나는 마지막 사진을 찍지 않을 것 같다. 나에겐, 그녀가 찍어준 사진이 있다. 손님들이 늘 바라봤을, 희미한 불빛이 켜진 입구 너머로 보이는 카운터 사진이 있다. 이 한 장만 있으면, 모든 걸 떠올릴 수 있을 것이다.

끝과 시작

다 쓴 거 같아. 시작할게.

"카페트 위에 사람이 쓰러져 있다……"

언제나 그렇듯이 우리 서점에서 원고를 쓴 사카구치 교헤이가 카운터에 와서 낭독을 시작했다. 신작 『시미』를 탈고한 것 같다. 우울한 시기를 제외하면 쭉 여기서 썼다. 마지막에는 산더미 같은 상자에 둘러싸인 채 썼다. 나도 상자에 둘러싸인 채 이 글을 쓰고 있다. 이전을 앞두고 있어서 휴업 상태다. 최대한 영업할 수 있는 날까지 문을 열었지만, 더 이상 요리도 할 수 없다. 서가를 해체하고, 잡화가 있던 선반도 분해했다. 며칠 전에는 카운터 상판도 떼어냈다. 모두 새 공간에서 서가의 일부가 되고, 그대로 카운터가 된다. 그렇게 생각하니, 그리 쓸쓸하지 않다. 그래, 그렇게 생각하려고 한다.

 이삿짐 포장은 거의 끝나서 새 매장의 공사가 끝나는 걸 기다리며 잡다한 일을 마무리하거나 사무를 처리하고 있다. 그런 와중에도 간간이 손님이 왔다. 이사는 언제냐고 묻는 사람이 있는가 하면, 아직 하고 있을 거라고 생각했다며 놀라는 사람도 있다. 오늘은 단골손님의 어머니가 멀리서 찾아오셨다. 이제 안 하는 거네요, 하고 돌아가려고 하시길래, 허둥지둥 커피 정도는 드릴 수 있다고 하며 붙잡았다. 종이봉투 사이로 아직 온기가 전해지는, 갓 만든 미타라시 당고를 들고 오셨다. 그 뒤에 온 손님은 안을 둘러보더니 왠지 눈물이 날 거 같다고 나직이 중얼거렸다. 사진 찍어도 될까. 사진을 찍으며 서점 안을 여기저기 둘러보더니 마음이 편해졌다고 말씀하셨다. 마음이 편해졌다. 그 말을 들은 나도 약간 마음이 가벼워졌다.

 15년 동안 있었던 이곳은 전후戰後에 바로 지어진 건물이라 원래 낡았다. 그랬는데 지진으로 한층 더 상태가 나빠져 비가 새고, 처마가 내려앉아 문을 여닫는 게 뻑뻑해지고, 천장 일부가 벗겨져 떨어졌다. 생각지도 못한 지진으로, 하자가 많았던 건물의 상태는 더욱 나빠졌다. 용케 그 흔들림을 버텼네, 그렇게 말을 걸고 싶을 만큼 잘 버텼고, 함께 견딘 만큼 미련이 남지만, 번화가 한복판에 있어서 오래된 건물인데도 월세가 비쌌다. 건물 자체가 헐리는 건 아니지만, 그대로 여기서 영업을 계속할 수 있는 상태는 아니었다. 지진 직후에 내린 큰비로 책이 젖었을 때, 망설임은 사라지고 이사를 하기로 결정했다.

여긴 당신만의 공간이 아니잖아.

지진 이후, 여러 번 그런 말을 들었다. 간접적으로, 때로는 직접적으로. 어느샌가 그렇게 되어 있었다. 쓸쓸하다, 아쉽다는 말을 들으면 아무 말도 할 수 없었지만, 단골손님 중에는 어디에 있어도 괜찮다고 말해주는 사람이 많았다. 그 말은 진심이었겠지만, 동시에 역시 쓸쓸한 마음도 있고, 그 마음을 굳이 드러내지 않고 속으로 삼키고 있다는 걸 지금에서야 깨달았다.

이삿날이 가까워지자 사진을 찍는 사람이 많아졌다. 사진을 찍지 않는 사람도, 오늘이 마지막이라며 감회에 젖었다. 들어오자마자 눈물을 글썽이는 사람도 있었다. 처음 왔을 때의 이야기를 해준 사람도 있었다. 평소에 단 음료는 안 마시는데, 왜 그랬는지 캐러멜인가 뭔가가 들어간 커피를 마셨다니까.

단골손님 중에는 처음 문을 열었을 때는 태어나지도 않았던 사람도 있다. 그 세월은 내가 만든 것이 아니라, 여기에 모인 사람들과 이 자리가 준 것이다.

10년 이상 같은 집에서 살아본 적 없는 나에게 이렇게 길게 머물렀던 장소는 다른 어디에도 없다. 누구보다도 떠나고 싶지 않았던 건, 나 자신일지도 모른다.

거리는 안주하지 않고 변화를 거듭한다. 거리의 변화는 즐겁기도 하지만, 쓸쓸하기도 하다. 하지만 우리가 살아 있는 것처럼 거리도 살아 있기에 어쩔 수 없다. 처음 문을 열었을 무렵과 비교하면, 지금 주변의 가게는 완전히 달라졌다. 예전에는 영화관으로 빙 둘러싸인 곳이었는데, 이젠 한 군데밖에 남지 않았다. 우리 서점이 있는 뒷골목은 대부분 무언가를 파는 가게였는데, 지금은 음식점이 늘었다. 얼마 전, 고베에 연고가 있는 작가와 구마모토의 번화가를 걷다가 오래된 우동집의 철거 현장을 지나간 적이 있는데, 지진이 일어난 뒤에는 거리가 완전히 달라진다고 하셨다(고베는 1995년 한신·아와지 대지진이 일어났던 지역이다—옮긴이). 때때로 그 말을 떠올린다. 여긴 뭐가 있었더라. 수백 번은 지나갔던 길인데 생각이 나지 않는다.

요즘 들어 그런 일이 부쩍 늘었다. 사람의 기억이란 얼마나 흐릿한가. 내가 있던 자리도 그렇게 되겠지. 여기 뭐가 있었더라. 하지만 그래도 괜찮다. 누군가의 마음속에만 남아 있다면.

서점의 마룻바닥, 시인의 낙서, 필요한 건 뭐든 떼어내서 새 공간으로 옮겼다. 마지막으로 남은 건 카운터였다. 카운터의 상판을 떼어냈을 땐 이제 끝인가 싶었는데, 손님은 10센티미터 남짓한, 상판을 받치고 있던 지지대에서 커피를 마시겠다고 했다. 커피라면 마실 수 있겠지, 하며. 내가 마시고 싶은 마음에 커피 도구만큼은 정리하지 않은 걸 다들 알고 있었다. 아마 이 10센티미터 테이블을 종종 떠올리며 손님들과 함께 웃게 되겠지. 추억할 일은 셀 수 없이 많다.

소중한 건 되도록 가져가려고 했지만, 가져갈 수 없는 것도 있다. 들어오자마자 보이는 낮은 흙바닥은, 수십 년 동안 사람들이 밟고 지나간 덕분에 말로 표현할 수 없는, 아름다운 캐러멜색을 띠고 있다. 늘 보고 있었기 때문에 원래 있던 균열과 지진 후에 생긴 균열의 차이도 안다. 여름에는 서늘해서 쾌적하지만, 겨울엔 뼛속까지 시릴 정도로 차가운 바닥. 이 바닥이 무척 마음에 들었다. 취하면 자주 맨발로 걸어다녀서, 또 신발을 벗었다고 사람들에게 야단맞곤 했다. 내가 밟아 다진 건 고작 15년이지만, 그동안 조금이나마 색이 달라졌을까.

카운터 위쪽 2층의 작은 공간은 갤러리로 사용했다. 사람이 올라갈 때마다 삐걱이는 소리가 났고, 아이가 뛰어다니기라도 하면 카운터에 앉은 손님은 움찔거렸다. 여기에 페인트칠을 할 때, 벽 틈새에서 떨어져 나온 낡은 신문지 조각에 '맥아더'라는 글자가 있었다. 그때 정말로 전쟁 직후에 지어진 건물이라는 것을 실감했다.

서점 쪽 2층에는 하룻밤 자고 가는 사람도 있었다. 전시하러 온 사람, 노래하러 온 사람. 나도 술을 많이 마시고 취해서 잔 적이 있다. 아침이 되어 서점으로 내려가면, 커다란 창 너머로 소란이 가신 조용한 번화가가 보인다. 번화가는 낮과 밤, 그리고 아침마다 전혀 다른 얼굴을 한다. 이제 이 커다란 창 너머로 이른 아침의 번화가를 바라보는 일도 없을 것이다.

공사가 차츰 궤도에 오르자, 원고를 쓸 겨를이 없어서 여기까지 쓰고 중단한 채 한 달이 넘게 흘렀다. 그리고 지금 새로 이전한 곳에서 이어 쓰고 있다. 염치없지만 공사 중에 이사를 했는데, 서가 부분은 짐을 들이기 전에 모두 완성되었다. 기

존의 서가는 모두 복원되었고, 잡화가 놓여 있던 선반과 사람들이 즐겁게 이야기하며 무심코 발로 차던 카운터의 아래쪽도 서가로 재탄생했다. 그래서 공간 자체는 예전보다 좁아졌지만, 서가는 더 늘었다. 이삿날, 도와주러 온 손님들에게 짐 나르는 걸 맡기고, 서가에 책을 꽂았다. 텅 빈 서가에 책을 꽂는 일은 개업할 때나 할 수 있는 일이라, 실은 천천히 하고 싶었다. 하지만 빨리 짐을 풀지 않으면 공사에 방해가 되고, 무엇보다 즐거워서 안 할 수가 없었다. 처음에는 미안한 마음에 무거운 짐을 나르는 등 힘든 일을 하는 사람들의 모습이 신경 쓰였지만, 어느새 책을 꽂는 데 푹 빠져 금세 끝나버렸다. 이튿날부터는 공사가 마무리되는 걸 지켜보면서 조금씩 문을 열 준비를 했다. 페인트를 칠하고, 타일을 붙이는 옆에서 소소한 정리를 하는 사이, 궁금함을 참지 못한 손님들이 상황을 보러 왔다. 언제 열어? 책 사도 돼? 간식 가져왔어. 문을 연 것도 아닌데, 여느 때와 다를 바 없는 풍경이었다.

공사하는 동안 종종 예전 가게에 짐을 가지러 갔다. 바로 근처라 걸어갔지만, 큰 짐을 가지러 갈 때는 공사 업체 사장님이 트럭에 태워주셨다. 트럭의 높은 벤치 같은 좌석에서, 각종 공구 사이에 살짝 끼어 앉은 채 바라본 풍경은, 이사의 기억 속에 간직될 것이다.

그럭저럭 모양새가 갖춰져서 공사가 끝나기 전에 문을 열어 버렸다. 카페 영업 준비는 아직 끝나지 않아서 문을 닫았을 때처럼 어중간한 영업이다. 얼마 지나지 않아, 대학생일 때 아르바이트를 했던 전 직원의 친구가 나가사키에서 놀러 왔다. 눈물을 글썽이며 다행이다, 예전이랑 똑같은 냄새가 나, 라고 말했다. 아무래도 냄새도 가지고 온 모양이다. 울지 않아도 된다고 말하자, 하지만 우리들의 청춘이었다고요. 그랬는데도 마지막에 못 갔다고 우리끼리 인터넷으로 통화하면서 울었는데. 하지만 괜찮았어요. 그렇게 말했다. 그 전 직원은 지금 뉴욕에 있는데, 이사하기 전 서점의 마지막 모습을 보지 못했다. 그래서 뉴욕과 나가사키를 연결해, 둘이 함께 울었던 것 같다. 나가사키에서 온 그녀가 가게를 나설 때, 입구 근처에 있는 서가의 천장 부근을 가리키며 너희들이 앉아서 발로 차던 부분이라고 알려주니 또 울기 시작했다. 기쁘다며 울음을 터트렸다. 그 널빤지에 하얀 페인트를 칠한 건 나였다. 페인트칠이 서툴렀지만, 그다지 눈에 띄지 않는 자리라 맡아서 했던 곳이다. 모두의 발이 닿으며 하얀 칠이 군데군데 멋스럽게 벗겨졌다.

15년의 세월이, 서툰 손길을 멋스럽게 바꿔주었다. 그래서 눈에 띄지 않던 자리가 이젠 천장 부근의 잘 보이는 곳이 되었다.

잠깐 문을 닫을 때도 미적거렸는데, 다시 문을 여는 것도 어정쩡하게 시작되었다. 간판을 단 건, 다시 문을 연 지 20일이 지나서였다. 그토록 이별을 아쉬워하던 손님들은 지금, 벌써 10년 정도 여기에 오고 있어요, 하는 얼굴을 하고 있다. 소중한 건 뭐든지 다 가지고 오겠다고 생각했었다. 그런데 가장 소중한 건, 여기에 와주는 사람들이라는 걸 깨달았다.

새 공간에선 혼자 있을 때, 멍하니 천장을 올려다본다. 천장 판을 뜯어내고 층고를 조금 높였더니, 딱 좋은 느낌의 천장이 드러났다. 다양한 빛깔의 회색이 질리지 않아 마음에 든다. 가만히 천장을 올려다보고 있으면, 가끔 예전 그 흙바닥이 떠오르기도 한다.

이제 곧 설날을 맞아 구마모토로 돌아오는 사람들이 있을 것이다. 뉴욕에서도 저 왔어요, 하며 돌아올 것이다. 사뭇 달라진 거리 풍경에 복잡한 마음을 안고 문을 열고 들어올 것이다. 어쩌면, 그녀도 살짝 울먹일지도 모르겠다.

키요시로의 기일

텔레비전 없이 산 지 오래되어서 세상 소식에 어둡다. 그래도 유명 인사의 부고는 누군가 꼭 알려준다. 아니면 서점 내 카운터석에서 화제가 되기도 한다. 누구나 그렇다는 건 아니다. 내가 관심을 보일 만한 사람이 세상을 떠났을 때 누군가가 알려준다. 아사카와 마키(재즈 & 블루스 뮤지션—옮긴이) 죽은 거 알고 있어요?, 라거나. 쓰루미 슌스케(철학자이자 비평가—옮긴이) 씨 죽었어, 계속 살아 있을 거 같았는데 충격이야, 라거나. 죽지 않는 사람 따위 있을 리 없지만, 무슨 말인지 알 것 같았다. 왠지 계속 있을 것만 같은 느낌이 드는 사람이 있는 법이다.

몇 년 전 아침에도 그랬다. 그날은 내 생일이라서 축하한다는 문자가 온 건가 했는데, "이마와노 키요시로 죽은 거 알아?"라고 적혀 있었다. 그날은 지금도 또렷하게 기억하고 있다. 슬슬 나가지 않으면 안 되는 시간에 식탁 위에 있던 휴대폰이 진동하고 있었다. 슬프네, 너무 빨리 떠났잖아. 한 번쯤 직접 봤으면 좋았을 텐데. 여러 번 라이브에 가고 싶어 했으면서도 예매하는 게 귀찮아 가지 않았던 게 후회됐다. 이로써, 정신이 흐려지지 않는 한 키요시로의 기일만큼은 매년 기억하게 되었다. 가족의 기일은 어렴풋이 기억해서 아버지의 1주기조차 잊고 있었는데.

이마와노 키요시로(1970년, 록밴드 RC 석세션의 보컬로 데뷔한 뮤지션이자 배우—옮긴이) 생각을 하다 보니 중학생 때 일이 떠올랐다. RC 석세션의 노래를 틀어달라고 방송부 친구에게 졸랐던 적이 있다. 어떤 노래를 틀어줬더라. 〈비 그친 밤하늘 아래에서〉였던가. 아마 급식을 먹으면서 들었을 것이다. 문자 메시지를 보다가, 그 시절의 기억이 단편이라기보다는 파편처럼 흩어져 떠올랐다. 그 파편은 불확실해서, 정말로 있었던 일인지조차 자신이 없다. 교실의 의자, 칠판이 아른거리며 중학생이었던 내 모습이 떠오른다. 몸에 맞지 않는 교복을 입고, 시무룩한 얼굴을 하고 있다. 사춘기의 짜증을 교복에 억지로 쑤셔 넣은 듯한 모습이다.

중학교 때 교복은 파란색 스커트와 재킷이었다. 여름에는 베이지색 상의를 입었다. 파란색을 제일 좋아하지만, 교복은 깊이 없는, 메마르고 차가운 느낌이 나서 썩 좋아하지 않는 파란색이었다. 옷으로 입는 건 더더욱 피하고 싶은. 얼마 전, 오랜만에 만난 중학교 시절의 친구와 이야기를 하다가 문득 그 파란색 교복 생각이 났다. 이상한 색깔의 교복이었지. 맞아, 지금도 그 교복일까? 중학생이던 우리는 평범한 세일러복이 좋다고 생각했었다. 교복 하니 떠오르는 친구가 있다. 학교 분위기가 어수선했던 시대라 치마가 바닥에 질질 끌릴 정도로 길게 입는 친구가 있었다. 선생님이 치마 길이를 짧게 하지 않으면 수학여행에 데려가지 않겠다고 하자, 그 친구는 치마를 더 짧게 해서 나타났다. 무신경하게 교복을 만지며 훈계하던 남자 선생님에게 그 친구는 화가 나 있었다. 우리는 속으로 박수갈채를 보냈다. 쌤통이다, 친구가 이겼다고 환호했다.

유니폼과 인연이 없는 삶을 이어가고 있다. 앞으로 유니폼을 입을 일은, 아마도 없을 것이다. 하지만 꼭 그렇다고 단정할 수는 없다. 편의점이나 음식점처럼 유니폼이 있는 직장은 얼마든지 있다. 청소 일을 하는 사람도 유니폼을 입고 있다. 언젠가 서점이 망한다면, 나 역시 다시 유니폼을 입게 될지도 모른다. 그래서 그런 건 아니지만, 밥을 먹으러 식당에 가면 가끔 거기서 일하고 있는 나를 상상해 본다. 주방 안이 일하기 편해 보인다든가, 힘찬 목소리를 내지 못하니까 여긴 안 되겠다든가. 심야의 패밀리레스토랑에서 손님을 관찰하는 건 재미있겠다든가.

　멀리 외출했다가 끼니를 놓쳐 배가 고픈 나머지 발걸음을 재촉해 패밀리레스토랑에 들어갔을 때의 일. 나이가 꽤 들어 보이는 여성이 혼자 책을 읽고 있었다. 밤이 깊었는데, 왜 패밀리레스토랑에서 책을 읽고 있을까. 더구나 얼마 지나지 않아 잠이 들었다. 가끔 고개를 들어 다시 읽으려고 하지만, 또 꾸벅꾸벅 졸기 시작했다. 그렇게 졸린데 왜 집에 가지 않는 걸까. 가기 싫은 걸까. 가족과 다투기라도 한 걸까. 무슨 책을 읽고 있는 걸까. 궁금해질수록, 다른 손님들도 뭔가 사연이 있을 것 같다는 망상이 꼬리에 꼬리를 물었다. 이렇게 망상에만 빠져 있으면 일에 지장이 있을 테니 심야의 패밀리레스토랑에서 일하는 건 맞지 않을지도 모르겠다. 참고로, 그 여성이 읽고 있던 책은 행복해지는 방법에 관한 자기계발서였다고 한다. 화장실에 갈 때 보였다고, 일행이 알려주었다.

회사에 다녔을 때 유니폼을 입었다. 처음 다녔던 회사는 경기가 좋아서 그랬는지 유니폼이 몇 번 바뀌었다. 칙칙한 핑크색으로 바뀌었을 땐, 친한 동료들 사이에서는 평이 썩 좋지 않았다. 하얀 피부에 둥실둥실한 머리가 귀여운 동료가 있었는데, 그녀에겐 그 핑크색이 정말 잘 어울렸다. 하지만 나는 약간 웃음이 나올 정도로 어울리지 않았다. 내가 내 모습을 볼 수 있는 것도 아니니 어울리지 않아도 크게 신경 쓰이지 않았지만, 온몸에 핑크색을 걸친 그 자체가 불편했다. 핑크색 옷은 어릴 때도 입어본 적이 없다. 역시, 더 이상 유니폼은 입고 싶지 않다.

얼마 전, 『이어지는 대화: 로커에게 바치는 조사』라는 책을 읽었다. 여기서 로커는 키요시로를 가리키는데, 책 속에 그의 이름은 한 번도 나오지 않는다. 저자 가와사키 토오루는 일찍이 RC 석세션의 라이브 방송을 연출했고, 자신이 만든 TV 광고에 그들을 출연시키기도 했다. 키요시로가 구입한 자동차의 할부 보증을 선 적도 있다고 한다. 소설의 첫머리에서 주인공은 영결식이 열리는 장례식장에 늘어선 사람들의 행렬을 따라 걸으며 고인을 추억한다. 방명록을 쓰고 식장 안에 들어가 앉을 수도 있지만, 그럴 마음은 없다. 그의 마지막을 멀리서 지켜보고 싶을 뿐이다. 마치 하늘에서 내려다보듯, 그를 떠나보내는 사람들을 바라본다. 로커의 죽음을 받아들이기 위해서.

장례식장에는 다양한 사람들이 늘어서 있다. 그날 하루를 고인에게 바치는 사람들. 젊은 사람이 있는가 하면, 고인과 같은 세대의 사람도 있다. 고인을 흉내 내 화려한 옷을 입은 사람도 있고, 검은색 옷을 입은 사람도 있다. 주인공과 동년배인, 양복 차림의 남성도 있다. 어딘가의 회사 배지를 단 샐러리맨이다. 가드레일에 손을 얹은 채 그저 장례식장을 바라보고 있다. 그날 하루가 지나면, 다들 아무 일도 없었던 듯 각자의 일상으로 돌아갈 것이다. 살아 있는 자신에 대한 것만 생각할 것이다. 오늘 일을 가족에게 이야기할까. 아니면, 아무에게도 말하지 않고 마음속에 담아둘까.

로커에게는 슬픔에 잠긴 추도사보다는 이런 대화가 더 어울린다고 생각한 주인공이 메모한, 줄 서 있던 젊은 남녀의 대화.

"배고파, 목말라, 죽을 거 같아."

"탕!"

남자가 입으로 총소리를 내자, 여자는 몸을 뒤로 젖히며 말했다.

"이런 날 죽다니, 기쁘잖아, 고맙습니다!!"

읽어 나갈수록 로커는 이야기의 뒤로 물러나고 근처 공원 노숙자의 죽음, 어머니의 죽음, 아버지의 죽음 등 죽음에 얽힌 기억이 하나씩 펼쳐진다. 손을 뻗어 끌어당기면, 손에 닿는 순간 흩어지는 것처럼.

기억은 하염없이 흘러가고 사라진다. 가와사키 씨가 쓴 이야기는 언제나 그렇다. 정처 없는 시선이 마음에 걸리는 것들을 따라 차례차례 옮겨가는 것처럼. 혹은 무작정 걷기 시작해 길을 잃을 듯 말 듯 헤매는 여정처럼.

몇 권 읽었는데, 하나같이 죽음에 얽힌 이야기였다. 혹은 죽은 사람의 이야기. 그렇다고 해서 어두운 이야기는 아니다. 작품 속에서 죽음은 삶과 경계 없이 공존한다. 죽은 사람은 죽은 걸로 끝나는 게 아니라, 세탁소의 주인은 한밤중에 다림질을 하고, 어머니는 기일이 되면 거미의 모습으로 나타난다. 그런 일이 괴이한 현상이나 동화가 아니라, 너무나 당연한 일처럼 그려져서 읽는 나 역시 특별히 이상하게 여기지 않고 있는 그대로 받아들인다. 죽음을 담담하게 받아들이기 때문일까. 문득 정신을 차려보면, 읽는 동안 가까운 사람의 죽음을 떠올리거나, 세상을 떠난 사람을 생각하기도 한다. 그래서 저절로 천천히 읽게 된다. 한 문장 한 문장 음미하게 되는, 읽을수록 곱씹게 되는 책이다.

왜 이 시점에 이 책을 읽게 됐을까, 이런 생각을 자주 한다. 얼마 전 규슈에서 큰 수해가 발생한 날, 전쟁 전후의 구마모토를 배경으로 한 소설 『인생의 수레바퀴』를 읽고 있었다. 쭉 욕실에서 읽었기 때문에 그날도 욕조에 몸을 담그고 서둘러 책을 펼쳤다. 책장을 넘기자마자 구마모토에서 역사에 남을 대홍수가 있었던 날의 묘사가 나와서 순간 멈칫했다. 그래도 다음 내용이 궁금해서 계속 읽었다. 그날은 구마모토에도 장대비가 쏟아져, 욕실에서도 빗소리가 들렸다. 소설 속에서는 낯익은 동네에서 차례차례 강이 범람해 집을 집어삼키고, 사람들이 떠내려가고 있었다. 지금 살고 있는 동네도 소설 속에서는 궤멸 상태였다. 소설인데도 너무나 생생했다.

아버지가 세상을 떠난 날 읽던 책도 기억난다. 사에키 카즈미의 사소설 『돌아갈 수 없는 집』. 부모와 갈등이 있던 주인공이 치매에 걸려 간병해야 하는 아버지, 집과 마주할 수밖에 없게 된다. 그리고 맞이하는 아버지의 죽음과 동일본대지진. 저자의 고향은 후쿠시마 옆에 자리한 센다이다. 소설 말미에 주인공 아버지의 임종 장면이 그려진다. "운명하셨습니다"라는 한 문장을 봤을 때 아버지가 떠올랐다. 그때까지 몇 번인가 고비가 있었지만 버티고 있었다.

다 읽고 덮은 한밤중, 아버지의 죽음에 대해 생각하기 시작한 것과 거의 동시에 전화벨이 울렸다. 언니가 한 전화였는데, 아버지가 위독하다는 소식이었다. 책에서 불길한 예감을 느꼈는지, 그다지 당황하지 않았다. 날이 밝자, 아버지는 눈을 감았다.

『이어지는 대화: 로커에게 바치는 조사』는 들고 다니면서 읽었다. 밖에서만 읽어서 두세 쪽 읽고 덮을 때가 많아 읽는 데 시간이 걸렸다. 산책하듯 읽던 책이라 중간에 끊겨도 신경 쓰이지 않았다. 오히려 읽지 않는 동안에도 책 속을 헤매고 있었던 것 같다. 이야기 역시 산책하듯 흘러가서, 키요시로에 관한 일도 머릿속 한 켠에 조용히 남아 있었다.

마지막 장면은 차 안에서 읽었다. 두 쪽 정도 남았는데, 너무 궁금한 나머지 신호 대기 중에 읽어버렸다. 이야기의 시작으로부터 1년 뒤, 주인공은 끝없이 이어진 행렬이 늘어선 길을 걷고 있다. 장례식장에서 흘러나왔던 곡을 모은 시디를 들으며. 로커와 나눈 대화 몇 가지를 회상한다. 그리고 마지막으로 본 그의 모습을 머릿속에 되살린다. 줄 서 있던 사람들, 그들의 오늘을 상상해 본다. 이야기의 마지막, 로커는 주인공의 마음속에서 되살아난다.

만족스럽게 책을 덮고 난 뒤, 그제야 깨달았다. 오늘은 내 생일이잖아. 별생각 없이 읽고 있었지만, 키요시로의 기일이었다. 내년 그날에는, 보지 못했던 행렬의 기억이 떠오를 게 틀림없다.

가게

 가게라는 건, 어느 날 갑자기 없어질 수 있다. 하고 있는 쪽에서는 갑작스러운 일이 아닐 수도 있지만.
 귀찮은 걸 싫어해서 쇼핑을 잘 못한다. 홈센터나 마트 말고는 잘 가지 않는다. 나이가 들수록 원래 남들보다 적었던 물욕이 줄어서 볼일이 없어도 들르는 곳은 서점뿐이다. 그마저도 직접 서점을 하면서 전보다 가는 횟수가 줄었다. 반대로, 편의점에 자주 가게 된 것 같다. 딱히 살 게 없으면 가지 않지만, 이상하게도 자주 가게 된다. 각종 요금을 낼 수 있고, 지점에 따라 우표나 수입인지를 팔고, 우편함도 있다. 술도 사고, 어느새 다 떨어진 휴지도 살 수 있다. 집에 갔는데, 있는 줄 알았던 고양이 사료가 똑 떨어졌다. 고양이들의 아우성에 못 이겨 달려

가는 곳도 편의점이다. 이런 일은 으레 다른 가게가 문을 닫은 늦은 시간에 일어난다. 아침에도 신세를 진다. 늦잠을 자 커피를 내릴 시간이 없을 때, 참지 못하고 커피를 사버린다. 서점에 팔고도 남을 만큼 원두가 있는데. 편리하지만, 너무 의존하고 있다는 생각이 들기도 한다.

무라타 사야카의 『편의점 인간』은 18년째 편의점 아르바이트를 하고 있는 서른여섯 살 미혼 여성이 주인공이다. 세상 사람들이 평범하지 않다고 하는 그녀의 시선을 통해 평범한 인간의 그로테스크한 면이 그려진다. 이렇게 말하면, 읽고 나서 정체를 알 수 없는 불쾌함이 남을 것 같지만 그렇지 않다. 오히려 다 읽은 후에는 상쾌한 기분이 들 정도였다. 그리고 실제로 편의점에서 일했던 작가의 편의점 사랑에 압도당했다. 당연한 말이지만, 매뉴얼화되어 있는 시스템 뒤에는 저마다 다른 사람이 있다. 대형 자본을 주축으로 시스템화된 공간이라 해도 그 사실은 변하지 않는다. 자주 가는 편의점 직원이 머리 자르셨네요, 하고 알아봐 준 적도 있고, 구마모토 지진 후에는 이렇게 혼란한 때 일해줘서 진심으로 고마웠다.

이 소설을 읽고 난 뒤에는, 편의점에서 일하는 사람이나 손님이 평소보다 더 눈에 들어왔다. 이렇게 일이 많고 번잡하니 일하는 사람은 얼마나 힘들까 싶으면서도, 한 번쯤 일해보고 싶은 생각도 들었다. 생각해 보면, 이렇게 다양한 사람이 드나드는 곳도 없을 것이다. 회사원도, 자영업자도, 아이도, 노인도, 부자도, 집이 없는 사람도 저마다 볼일이 있다. 사람을 관찰하기에 이보다 좋은 장소는 없다.

관찰하려던 건 아니었는데, 편의점에 요금 결제를 하러 갔다가 우연히 재미있는 사람을 봤다. 내가 들어서자마자 한 남자 손님이 문을 열고 나갔다. 계산대에서 직원이 매뉴얼대로 감사합니다, 또 오세요, 하고 인사하자 그 남자가 곧바로 넵!, 하고 힘차게 대답하며 나갔다. 나도 언젠가 저렇게 힘차게 답하고 싶지만, 아직은 그럴 용기가 나지 않는다.

편의점에만 가는 건 아니지만, 개인 상점들은 대부분 우리 서점과 영업시간이 겹쳐서 들르기가 쉽지 않다. 일이 끝난 뒤에 갈 수 있는 곳은 음식점과 대형 마트 정도다. 아침 일찍 문을 여는 가게에는 가끔 간다. 빵집, 주류 전문점, 채소가게, 꽃집. 모두 개인 상점이다. 거기서 사는 건 대부분 서점에 필요한 물건이다.

집 근처 상점가에는 채소가게가 여러 곳 있다. 자주 가는 곳은 맛있는 수박을 고르는 눈썰미가 있는 곳인데, 귀여운 직원이 있다. 하지만 수박을 사본 적은 없다. 그 상점가에 있는 꽃집에서 오이풀을 사서 들른 적이 있는데, 그 직원이 웃는 얼굴로 오이풀 귀엽죠, 라고 했었다. 그녀의 수줍은 듯 미소 띤 얼굴은 오이풀과 조금 닮았다.

그 상점가에는 맛있는 빵집도 있다. 계산할 때는 익살이 덤으로 따라오는데, 사회 문제를 곁들인 익살은 너무 난해해서 가끔 알아듣지 못할 때도 있다. 걷다 보면, 시간이 멈춘 듯한 분위기의 맞춤옷 가게 아주머니가 불쑥 그 스커트 멋지네, 하고 말을 걸기도 한다. 여름이 되면, 꽃집의 냉장 쇼케이스에는 개가 들어가 있었다. 깜짝 놀라 쳐다보자, 주인 아주머니가 당황한 듯 더운 날엔 산책 갔다 돌아오면 열어달라고 해서 제 발로 들어가요, 라고 알려주었다.

요즘 서점 근처에 질 좋은 채소를 파는 채소가게가 생겼고, 빵집에서 서점까지 빵을 배달해주기 시작해서 그 상점가에 잘 가지 않게 되었다. 그래도 가끔 가서 갓 튀긴 튀김을 사거나, 근처를 어슬렁거리는 고양이에게 인사하지 않으면 언젠가 후회할지도 모른다. 개가 있던 그 꽃집은 이제 없다.

가게는 어느 날 갑자기 사라질 수도 있고, 이야기를 나눈 손님과 두 번 다시 만나지 못할 수도 있다. 가게 주인이자 손님이기도 한 내 입장에서는, 문득 그런 생각이 들 때가 있다. 가게란 묘한 곳이다. 여행자가 고민을 털어놓기도 하고, 계산하다 말고 갑자기 괴로운 일이 떠올라 울기 시작한 사람도 있었다. 처음 본 사람에게서 선물을 받은 적도 몇 번 있다. 그날, 그때, 감사했습니다. 전혀 기억나지 않는 일에 대한 감사 인사를 들을 때는 멋쩍게 웃을 수밖에 없다. 그 사람들의 이름도, 연락처도 모르지만, 그들의 시간을 아주 조금은 알고 있다. 그 시간은, 문득문득 떠오른다. 두 번 다시 만나지 못하더라도, 얼굴이 떠오르지 않더라도 그 시간의 감촉은 떠올릴 수 있다.

상점가의 슈퍼 주차장 근처에 철판구이집이 있었다. 싹싹한 사장님이 혼자 운영하던 곳이었다. 저렴하고 맛있을 뿐 아니라 편안한 분위기가 좋아서, 걸어가기엔 조금 멀지만 가끔 산책하는 김에 가곤 했다. 소시지를 주문하면 아는 사람이 만드는 것이라며, 그 집에서도 먹을 수 있으니 언제 한번 가보라고 적극적으로 권했다. 몇 번 간 뒤로는 좀처럼 시간을 낼 수 없어서 발길이 뜸해졌다.

어느 날, 아침 일찍 상점가로 장을 보러 갔다. 주차장에서 차를 빼는데, 텅 빈 철판구이집에 종이 한 장이 붙어 있는 것이 보였다. 예전에 이야기를 나누다 투병 중이라는 말을 들었던 기억이 떠올랐다. 불길한 예감에 차에서 내려 가까이 가 봤다. 점주가 영면에 들었습니다, 그동안 감사했습니다, 라는 내용이었다. 가족이 붙인 걸까, 손님이 붙인 걸까. 누가 붙였든 그 가게에 애정을 가진 사람이 쓴 글이었다. 같은 자영업자라서 안다. 아프다고 해서 좀처럼 오래 쉴 수 없다는 것을. 아마 병을 무릅쓰고 문을 열었을 것이다.

'다음에 또'라는 말은 지키지 못할 수도 있다. 언제든 갈 수 있다고 생각했던 곳에, 문득 오랫동안 가지 않았다는 걸 깨닫는 일은 흔하다. 일부러 가는 게 아닌, 가벼운 마음으로 들르는 곳도 일상에 쫓기기 시작하면 금세 멀어진다. 틈이 너무 벌어지면 선뜻 발걸음이 떨어지지 않기도 한다. 가지 않을 핑계는 점점 늘어난다.

마지막으로 갔을 때, 사장님의 안색은 썩 좋지 않았지만, 언제나 그렇듯이 웃는 얼굴이었다. 손에 꼽을 정도로밖에 가지 않아서 단골이라고 할 순 없지만, 그 자리를 지날 때면 맥주와 오코노미야키, 사장님의 미소가 떠오른다. 몇 번 가지 않았던 나도 이렇게 생각할 정도니, 단골손님들은 틀림없이 쓸쓸할 것이다.

서점을 이전한 지 반년이 지났다. 처음엔 손님들의 얼굴을 떠올리며, 단골손님 중에 아직 오지 않은 분은 없는지 헤아려보곤 했다. 그 손님은 다녀가셨고, 그 손님에겐 이전한다고 알렸고. 요즘은 인터넷으로 쉽게 찾을 수 있고, 전화번호는 그대로니까 아마 괜찮을 거야. 그렇게 생각했지만, 가끔 이전한 걸 전혀 몰랐다고 하는 분이 계셨다. 주뼛주뼛, 약간 놀란 얼굴로 들어오신다. 예전 자리로 갔더니, 옆 가게 주인이 알려주셨어요. 그렇게 말하는 분도 있었다. 이웃으로 오래된 만주 가게와 오랫동안 영업해 온 찻집이 있었다. 나중에 만주 가게는 문을 닫았고, 찻집은 이전했다. 가끔 원래 여기 있던 가게는 어떻게 됐냐고 물어보는 사람이 있던 게 떠올랐다. 예전 이웃 가게 분들도 우리 서점을 찾아 헤매는 손님들에게 이전한 곳을 알려주고 계신 것 같다. 고마운 일이다.

손님 중에는 인터넷에 서툰 분도 있고, 굳이 찾아보면서까지 올 생각이 없는 분도 있을 것이다. 그건 그거대로 어쩔 수 없는 일이라고 생각하며 마음을 비웠지만, 신경 쓰이는 몇몇 얼굴이 떠오른다. 서점이 없어졌다고 낙담하고 있다면, 죄송한 일이다 싶어 마음이 쓰인다.

한 번밖에 가 보지 않아서, 언젠가 꼭 다시 가야지 했는데 다시는 갈 수 없게 된 가게가 있다. 한 번밖에 가지 않았지만, 점주와는 몇 번 만난 적이 있다. 친구가 될 것 같았던 사람. 만나기 전부터 편지를 주고받았었다. 그녀의 가게는 후쿠오카에 있었다. 멀긴 했지만, 마음만 먹으면 당일치기로 다녀올 수 있는 곳. 가지 않은 건 내 게으름 때문이다.

얼마 전, 그녀가 세상을 떠났다는 소식을 함께 아는 친구에게 들었다. 아프다는 이야기는 들었고, 상태가 많이 나빠졌다는 것도 알고 있었다. 가까운 지인들이 며칠 동안 가게를 연다고 했다. 인연이 깊었던 사람들이 마지막 인사를 할 수 있도록. 그녀의 가게에 한 번밖에 가본 적이 없던 나는, 그 자리에 가는 게 조심스러웠다. 얼마 후, 가게 안을 그린 그림엽서와 가게에 있던 종이로 만든 책갈피가 도착했다. 그걸 바라보며 그녀와 그녀를 함께 아는 친구, 지인들을 떠올리며 그녀에게 이별을 고했다.

연락을 받았을 때, 그녀에게서 처음 받은 편지가 떠올랐다. 씨를 뿌리는 것처럼 보이는 여인의 스탬프가 찍힌 작은 봉투. 그 너머로 얇은 핑크색 편지지가 비쳤다. 뭐라고 쓰여 있었더라. 다음 날, 마음이 조금 차분해져서 그 편지를 꺼내 읽었다. 같이 하기로 했던 행사에 대한 내용이 적혀 있었다. 그리고 언제 한번 같이 술 한잔해요, 라는 말도. 그녀의 가게와 나의 서점, 양쪽 모두 다니는 손님들로부터 서로의 이야기를 자주 들었다. 공통점이 아주 많아. 책을 좋아하고, 마담 같은 캐릭터에, 아저씨 손님이 많아. 분명 둘이 잘 맞을 거라고, 모두 말했다. 빨리 만나는 게 좋을 거라고. 하지만 만나기까지 시간이 걸린 만큼, 손에 꼽을 정도로밖에 만나지 못했다.

 그녀의 가게에는 과실주와 헌책이 나란히 놓여 있었다. 딱 한 번 갔을 때, 이미 술에 취한 데다 책을 찾는 데 정신이 팔려서 많은 이야기를 나누지 못했던 것 같다. 구입한 책은 기억하고 있다. 사다리를 타고 올라가 천장 근처 책장에 있는 책을 보다가 히가시 나오코의 『나가사키 군의 손가락』을 발견했다. 마침 그때 『약국의 타바사』를 재미있게 읽어서 다른 책도 읽어보고 싶다고 생각하던 참이라 무척 기뻤던 기억이 난다. 그로부터 며칠 뒤, 그녀에게서 편지를 받았다. 다음 날 가게에 갔더니, 사다리가 헐거운 상태였다고 한다. 떨어지지 않아서 다행

이야, 라고 적혀 있었다.

그러고 보니, 그녀에게 받은 책이 있었지 싶어 오랜만에 카나이 미에코의 『문장 교실』을 펼쳤더니, 파란색의 얇은 편지지가 끼워져 있었다. 처음 받았던 핑크색 편지지와는 다른 색. 취한 듯한 그녀의 글씨가, 그 속에 있었다.

녹슨 함석

이쓰와 마유미의 〈비〉라는 노래에는 "너의 집은 함석지붕 내가 좋아하는 함석지붕"이라는 가사가 있다. 나도 함석지붕을 좋아한다.

밝은색보다 칙칙한 색에 끌린다. 좋아하지 않는 건, 파스텔톤의 색. 핑크나 하늘색, 크림색. 여자아이는 핑크색을 좋아한다고들 한다. 언제부터 그런 인식이 생긴 걸까. 실제로 내가 아는 여자아이들은 대부분 핑크색을 좋아하지만, 나는 어릴 때도 핑크색을 고른 기억이 없다. 핑크색 옷을 입고 있는 사진도 없다. 하지만 어린이 손님 중에 파란색을 좋아하는 아오짱이라는 초등학생 여자아이가 있어서 나만 그런 게 아니구나 싶어 마음이 놓인다.

할머니가 슈퍼보다 조금 크지만, 백화점이라고 하긴 어려운 근처 가게에서 옷을 사준 적이 있다. 초등학생 때의 일이다. 지금은 대형 쇼핑몰이 대신하고 있지만, 옛날에는 단독으로 그런 가게가 있었다. 식료품과 약간의 생활용품이 있었고, 위층에는 게임기도 있었던 것 같다. 갈 만한 곳이 마땅치 않았던 시골 아이들이 모여들던 곳. 뭐라고 하면 좋을지 애매한 그 가게에서 아래가 플레어스커트인 기하학적 무늬의 투피스를 샀다. 아무거나 골라도 괜찮다는 말에 기뻐하며 꽤 오래 고민한 끝에 고른 옷이다. 지금도 그 옷이 기억난다. 바탕색이 흰색 같은 베이지로, 칙칙한 녹색과 갈색 등 몇 가지 색이 섞여 있었지만 전체적으로 수수한 느낌의 옷. 친구가 넌 그런 거 좋아하지, 라고 했었다. 아마 친구 취향은 아니었을 것이다. 마음에 든 옷이라 계속 그 옷만 입었다. 어쨌든 물려받은 것도, 누가 입으라고 한 것도 아닌, 내가 직접 고른 옷이었으니까.

요즘엔 조금 밝은색 옷도 입을 수 있게 되었다. 나이가 들어서일까. 흔히 나이가 들면 얼굴이 칙칙해지니까 밝은색 옷을 입는 게 좋다고들 한다. 여전히 파스텔톤은 썩 내키지 않지만, 빨간색이나 녹색처럼 선명한 색감이라면 입어도 괜찮다.

집에도 서점에도 새 집기는 거의 없다. 반짝거리는 물건을 좋아하지 않아서, 금속 선반 같은 것도 없다. 애초에 어디선가 얻은 가구가 대부분이라, 처음 받았을 때부터 페인트가 벗겨졌거나 나뭇결에 금이 가 있기도 하다. 얼마 전에 받은 자그마한 접이식 밥상은 너무 오래된 나머지 상다리 하나가 들떠 있다. 상판 뒷면에는 1942년이라고 적혀 있었다. 전쟁 이전부터, 이름 모를 누군가가 이 상을 쓴 것이다. 나는 그들을 모르고, 그들에게도 나는 모르는 사람이다. 고양이가 상 위로 뛰어오르자 탁 소리를 내며 기울어서, 상판이 휘어져 있다는 걸 알았다. 상자를 뜯어 들뜬 상다리 밑에 받쳤더니 더는 덜컥거리지 않았다.

오래된 가구를 얻으면, 서랍이 열리지 않거나 용도를 알 수 없는 물건이 들어 있기도 한다. 밥상과 함께 작은 진열장도 받았는데, 유리문이 떨어져 있어 원래 모습은 알 수 없지만, 아마 찬장으로 쓰였던 물건일 것이다. 처음 받았을 때는, 먼지를 뒤집어쓴 채 시간이 멈춘 듯한 상태였다. 제일 아래 선반에는 보이지 않는 거북이가 있었다. 먼지 속에 거북이 등딱지 자국이 선명하게 남아 있었다. 그 자리에 있던 게 나무로 만든 거북이였는지, 유리나 도자기로 만든 것이었는지, 아니면 진짜 거북이였는지는 아무도 모른다. 원래 주인은 이미 세상을 떠났다. 하지만 확실히 그 자리에는 거북이가 있었다. 찬장을 가져온 사람과 잠시 살펴봤지만, 지금은 먼지와 함께 닦여서 이젠 없다. 하지만 그곳에 넣어둔 책과 시디를 꺼낼 때, 가끔 거북이가 나타난다.

몇 개 안 되지만, 내가 산 가구도 있다. 얼마 전에 처음으로 책장을 샀다. 책장이라기보다는, 책상자라고 하는 편이 좋을 만한 크기다. 신이 나서 처음으로 책장을 샀다고 여기저기 말하고 다녔더니, 서점을 하면서 책장이 없었단 말이야?, 하며 모두 어이없어했다. 책장을 샀다고 하면, 다들 지금까지 어떻게 했냐고 되묻는다. 상자나 붙박이장에 잔뜩 넣어두거나, 블록 판을 조합해 만든 임시 선반 위에 꽂아두는 걸로 충분했다. 하지만 최근 들어 역시 책이 늘어나 바닥에 쌓이기 시작했다. 쌓아놓으면, 제일 밑에 있는 책을 꺼내는 게 무척 힘들다. 원고 청탁을 받기 시작한 뒤로는, 읽은 책을 다시 찾아볼 일이 많아졌다. 인용하거나 내용을 확인하는 데, 다 읽은 책을 봐야 할 때가 있다. 보고 싶은 책이 아래쪽에 있으면, 젠가를 하듯 아슬아슬하게 끄집어낸다. 하지만 대부분 무너져 내려 몸서리를 친다. 임시로 쌓아두는 곳이라고 생각해 대충 쌓아두었더니 금세 균형이 무너졌다. 이런 일이 반복되어서 결국 책장을 사기로 했다.

처음 산 책장은 중고가구점에서 발견했다. 3단으로 제일 위가 장식장으로 되어 있다. 피부색에 가까운 베이지색 페인트가 칠해져 있지만, 군데군데 벗겨져 나무색이 보인다. 그런데 나무색이 아닌 하늘색이 엿보이는 데가 있다. 하늘색이었던 적이 있었는지도 모른다. 다음 주인이 베이지색을 칠했을까, 아니면 같은 사람이 두 번 칠했을까. 하늘색으로 칠했지만, 마음에 들지 않아 바로 베이지색으로 다시 칠했는지도 모른다. 하늘색 책장은 멋있었을 수도 있지만, 아마 거기 꽂힌 책들은 어수선해 보였을 것이다. 지금처럼 살짝 보이는 정도가 딱 좋다. 페인트가 벗겨진 정도가 마음에 들어 눈에 잘 띄는 곳에 놓고, 다 읽지 않은 책을 꽂아두고 있다. 책을 세워서 꽂을 수 있게 된 건 기쁜 일이다. 아직 책장에 꽂지 못한 책이 잔뜩 있지만, 결국 큰 책장을 받기로 해서 작은 책장만 샀다. 지금, 큰 책장이 오는 걸 기다리고 있다.

『판잣집들의 혼잣말』이란 사진 그림책이 있다. 논밭과 선착장, 마당 한구석, 잡초가 무성한 풀밭 등 여러 곳에 세워진 판잣집 사진에 글을 곁들였다. 시인 다니카와 슌타로 씨가 판잣집들을 대신해 그들의 혼잣말을 전한다. 대부분의 판잣집은 함석판으로 지어졌다. 새파란 판잣집, 담쟁이덩굴이 모자처럼 뒤덮인 판잣집, 누덕누덕 기운 판잣집에 형형색색의 판잣집. 모두 녹슬고, 칠이 벗겨졌고, 기울어져 있다. 예전부터 녹슨 함석과 빛바랜 페인트칠 조합에 까닭 없이 마음이 갔다. 바닷바람과 비를 맞아 페인트칠이 벗겨지고 색이 바래는 그 모습을 보면 그냥 지나칠 수가 없었다. 나만 그런 건 아니었다. 손님 중에도 오래된 건물이나 벽을 좋아하는 사람이 있다. 출근길 전철 차창 너머로 보이는 건물이 신경 쓰여 직접 찾아간 적도 있다고 한다. 우리 둘 다 좋아하는 오래된 집이 있는데, 가끔 같은 집을 알고 있기도 했다. 그 집 좋죠. 안쪽도 들여다보고 싶잖아요. 어디 괜찮은 벽 아는 데 없어? 이 취미는 산책만으로도 충분해서 돈도 전혀 들지 않는다. 하지만 우리가 좋아하는 그런 건물들은 눈에 띄게 사라졌다. 구마모토 지진으로 오래된 건물이 모조리 무너져버려서.

며칠 전, 오랜만에 온 그 손님이 오래된 벽 사진을 보여주었다. 원래 한 가지 색이었을 벽이 금이 가고 변색되며 군데군데 벗겨져 있었다. 벽 아래에는 선명한 초록빛 풀이 무성했다.

이런 데를 찾고 있다며 어딘지 아냐고 물으셨다. 요즘 이런 데가 하나둘씩 사라지니까, 라고 말씀하셨다. 어딘지 찾게 되면 장소를 기억해두겠다고 말할 수밖에 없었다. 그러자 이렇게 말씀하셨다.

나는 왜 이런 걸 좋아하는 걸까. 왜 그런지 알고 싶다니까.

그건, 말로는 도무지 설명할 수 없는 감정 같다. 의자의 페인트가 벗겨진 부분이 눈에 들어왔을 때, 불쑥 솟아오르는 그 감정을 말로는 설명하기 어렵다. 그저 심금을 울리는 무언가가 있고, 그녀가 오래된 벽을 봤을 때 느끼는 감정과 내 감정은 비슷한 것일지도 모른다. 그리고 그 순간은 음악을 듣고 있을 때와 비슷한 것 같다. 그렇다면 오래된 가구에 둘러싸여 있는 건 음악을 듣는 것과 같은 상태일까. 그래서 마음이 편안한 걸까. 차창 너머로 보이는 오래된 함석지붕이나 벽을 좇는 건, 희미하게 들려오는 음악에 귀를 기울이는 것 같은 기분일까.

『판잣집들의 혼잣말』을 여러 번 넘겨보다가, 문득 눈길이 멈춘 데가 있다. 가장 마음에 드는 판잣집은 녹색이었지만, 회색으로 바래고 있는 집. 녹이 슬어 갈색으로 변한 부분도 있고, 붉은 선도 보인다. 문은 나무색으로, 작은 창이 달려 있다. 이런 글이 곁들여져 있다.

이 정도 나이가 되면 이렇게 썩어서 사라지는 것도
나쁘지 않겠지

주변에는 잡초와 민들레. 아직 썩어 사라질 각오는 서지 않았지만, 나쁘지 않을 수도 있겠다는 생각이 든다.

녹슨 함석을 좋아한다고 말하자, 어떤 사람이 동화지구同和地区(과거 신분 차별을 받던 부락민部落民이 집단 거주하던 지역을 행정적으로 지정한 구역―옮긴이)에는 아직도 지붕이나 벽이 함석으로 된 집이 많다고 알려주었다.

〈비〉의 다음 가사가 떠오른다.

주위는 다 기와지붕 노크할 수 없어 기와지붕

부락 문제와 관련해 활동하는 사람의 이야기를 들어보니, 차별은 여전히 남아 있다고 한다. 그러나 어떤 사람들은 이제 부락 차별은 없다고 하거나, '부락'이란 말 자체를 가르치는 것이 차별로 이어진다고도 말한다. 하지만 오히려 그렇게 말하는 것 자체가 차별이 여전하다는 증거처럼 느껴진다. 사라지는 것과 잊히는 것은 다르다. 녹슨 함석을 볼 때의 마음이 조금 달라졌는지도 모르겠다.

함석을 보면 떠오르는 글도 있다.

지붕도 처마도 굽이굽이 떨어져 나가, 파란 비닐이나 녹이 슬기 시작한 함석 따위로, 옛날 기모노를 누덕누덕 기운 것 같은 모양으로 수리해 놓았다.

이시무레 미치코 씨의 아버지가 버려진 자재를 그러모아 지은 집의 묘사다. "나무 쪼가리 모아 얼기설기 지었어도, 근본은 틀린 게 아녀." 아버지, 카메타로 씨의 말. 사람은 가난해도 긍지 있게 살아갈 수 있다. 이 집에는 미나마타병 대책위를 지원하기 위해 온 수백 명이 머물렀다고 한다.

허무하네요. 구마모토 지진의 진원지 근처에 갔을 때, 이시무레 씨가 차창 밖을 보면서 나직이 말씀하셨다. 그리고 우리 아버지가 지은 집은 허름해서 이런 지진이 났다면 금방 무너졌을 거예요, 라고 하셨다.

함석지붕을 봤을 때, 내 마음을 건드리는 어떤 감정은 변해간다. 녹슬어 잿빛이 되거나 적갈색으로 바랜 함석지붕은,

점점 더 내 안의 무언가를 흔들어 놓는다.

〈비〉의 첫 소절은 이렇다.

하늘에서 내려온 빗방울이 함석지붕을 두드려
누가 왔어요 하고 흔들리는 알전구 흔들흔들

그러고 보니, 이사하기 전의 서점에는 알전구를 잔뜩 켜 놓고 있었다. 그리고 빗방울이 함석지붕을 두드리곤 했다. 그 소리가 무척 좋았다는 걸, 지금 문득 떠올렸다.

말

지금, 이 글을 쓰고 있는 내 옆에는 고양이 세 마리가 난로 앞에서 데굴데굴 구르며 삼각형을 그리고 있다. 팔다리를 쭉 뻗고, 기분 좋은 듯 누워 있다.

고양이들은 말을 하지 않고, 문자도 쓰지 않는다. 그래서 말로 누군가에게 상처를 주는 일도 없다. 언어를 갖지 않은 사람을 배제하지도 않는다. 의사는 있다. 감정도 있으며, 몸을 써서 의사표현도 한다. 울고, 꼬리를 세우거나 털을 곤두세우고, 몸을 비비고, 달려들고, 핥아주기도 한다. 말을 주고받지 않아도 고양이들과의 생활에 불편함은 없고, 사랑은 있다.

인간은 말을 할 수 있으니 동물보다 의사소통이 쉬울 것 같지만, 그렇지도 않다. 말을 잘 하지 못해 이야기가 엇갈리기도 한다. 어떻게 하느냐에 따라 상대에게 상처를 줄 수도 있다. 무기가 되어버린다. 말로 사람을 속일 수도 있다. 하지만 이미 쓰고 있는 것이니 쓰지 않을 수 없다.

『삶을 되살린, 말』이란 책을 읽고 있었다. 그래서 말에 대해 생각하게 되었다. 요코하마 고토부키초에서 문해교육 운동을 펼쳤던 저자가 학교 교육에서 배제되고, 사회로부터 소외되어 글을 읽고 쓰지 못하게 된 사람들과의 만남과 교류를 담은 책이다. 고토부키초는 일본 3대 쪽방촌의 하나다. 일본 부락해방운동·해방교육의 초석으로 탄광 지역에서 시작된 문해 학습이 여기서도 이루어지고 있었다.

> 글을 읽고 쓸 줄 몰랐을 때는 매일 벽을 쳐다보고만 있었습니다. 외로워서 견딜 수 없었다

나는 학교에 이틀만 다녔으니까 기초부터 하나하나 가르쳐달라고 말한 나가오카 나가이치 씨가 글자를 읽고 쓰기 시작한 무렵에 쓴 글이다. 읽고 쓰지 못한다는 사실이 이렇게 사람을 고립시킬 수 있다는 걸 미처 몰랐다. 미안한 마음이 들었

다. 나 또한 벽이었다. 읽고 쓸 수 있다는 전제 아래 사회가 이루어져 있다. 그런 사회에 함께할 수 없는 사람들은 어떻게 살아가면 좋을까. 그런 것을 생각하지 않고 살아가고 있는 우리는, 벽 그 자체다. 이건 문해만의 이야기가 아니다. 만약 문해율이 백 퍼센트가 된다 해도, 우리는 언제든지 또 다른 벽을 만들 수 있다.

저자 오사와 토시로 씨는 결코 그들 위에 서지 않는다. 나란히 선다. 가르치고 이끄는 입장이지만, 글을 가르치면서 자기 자신도 성장하고 있다고 말한다. 서로 배우고 가르치는 관계라고 말한다. 외부에서 문해교육 운동에 동참하겠다고 오는 사람들의 적당히 하려는 태도도 용납하지 않는다. 오사와 씨는 비록 글을 읽고 쓸 수는 있지만 남을 짓밟고 살아온 자신의 모습을 남의 일처럼 여기지 말고, 철저히 차별받는 세상을 살아온 사람들의 있는 그대로의 모습에 자신을 비추어 성찰하고, 앞으로의 삶의 방향으로 삼았으면 한다고 썼다. 오사와 씨는 짓밟힌 이들의 말을 자주 인용한다. 문해 운동에 참여하지 않았더라도, 그 글들을 읽고 있으면 부끄러워진다. 부끄럽다고 적었지만, 어쩌면 내가 오만한 건 아닐까 하는 불안이 밀려온다. 겉치레 같은 말밖에 쓸 수 없다. 아무리 애를 써도, 결국 그렇게 된다. 그렇다면 안 쓰면 될 텐데, 이 책을 읽고 있으면, 읽어달라고 쓰고 싶어진다.

우메자와 코이치 씨는 군마현의 도네가와 강변에 있는 작은 마을에서 태어났다. 1940년대 초반, 초등학교까지만 다닌 걸로 보인다. 집안 형편이 어려워 아들임에도 입학식에는 누나에게 물려받은 치마를 입고 갔다. 학교에 가면 놀림을 당해 싸우고, 벌을 받느라 복도에 서 있던 6년. 공부가 될 리 없었다. 그런 우메자와 씨가 어머니에 대해 쓴 글이 이 책에 일부 실려 있다. 돌아가신 어머니에 대해 써달라고 하자, 5일간 열아홉 줄이 쳐진 B4 용지 20장 분량의 글을 완성했다고 한다. 글 중간에 꽃을 좋아했던 어머니를 모시고 꽃구경을 갔다는 내용이 나온다.

집쥬인에게 리아카룰 빌려서 꼿구경을 갓더니. 눈물울 흘리며 기뻐했습니다. 지금 내가 눈물이 나니까. 조굼 이따 쓰겠습니다. 5월 10일 밤

이렇게 그날의 글이 끝맺음되어 있다. 어머니가 돌아가시

기 전까지 7년간 보살폈는데, 소리를 지르거나 손찌검을 한 일을 계속해서 사과하는 글이 이어진다. 그리고 어머니가 돌아가셔서 여동생이 부랴부랴 달려왔을 때의 글.

> 미쓰코가 빨리 오면 좋은데 하고 생각했는데, 앞에서 오빠 하고 큰 소리가 들려서 미쓰코 빨리 하고 큰 목소리로 불렀습니다. 미쓰코가 베갯머리에 앉을까, 말까 하는 사이에, 잠자듯 돌아가셨습니다. 엄마, 하고 큰 소리로 실컷 울었습니다.

이 뒤로도 글은 이어지지만, 오사와 씨는 우메자와 씨가 이 글에 있는 '엄마おかさん'라는 단어를 읽을 줄 모른다고 생각했다고 한다. 그 이전의 글에는 '모친母'이나 '엄니おふくろ'나 '어머니おかあさん'로 쓰여 있었기 때문이다(우메자와 씨가 쓴 おかさん의 바른 표기는 おかあさん이다―옮긴이). 읽는 방법을 물어보지 않은 채 우메자와 씨는 글을 다 썼고, 모두의 앞에서 읽게 되었다. 우메자와 씨는 글을 읽기 시작하자 북받치는지 눈물을 쏟았고, 여러 번 목이 메어 이를 악물고 읽어 내려간다. '엄마おかさん' 부분을 어떻게 읽을지 오사와 씨가 귀를 기울이는데, 방이 떠나갈 듯한 큰 목소리로 "엄마아おっかさーん"하고 외쳤다고 한다. 그 한마디를 외치기 위해 쓴 글이었던 셈이다.

마음이, 아우성 치고 있다. 그 마음을 말로 옮기는 건, 아무런 의미가 없다. 마음이 담기지 않은 얄팍한 말로는 결코 닿지 않는다. 그래서 인용만 잔뜩 하며 이 책을 소개하고 있다.

어느 날, 오사와 씨가 다네다 산토카의 하이쿠로 수업을 했을 때의 일. 고개를 숙인 채, 듣고 있는 건지 아닌지 전혀 알 수 없는 것처럼 보였던 나가오카 씨가 쓴 감상문은 다음과 같다.

어쩔 도리가 없는 내가 걷고 있다
수치심을 느끼는, 나는 한심하다, 하지만 마음은, 살아 있다. 늘, 인간이라는 것, 보여주었습니다, 저는 부끄러워하는 것 같은 마음은 드러내지 않았다, 하지만 남들도 그렇게는 생각하지 않아 아무튼 사람이 되고 싶다

이에 더해 다른 종이에는 이렇게 적었다고 한다.

비 내리는 고향을 맨발로 걷는다*

나는, 이바라키에서 태어나, 가낭한 생활을 했지만,
꿈이 없었다
언제나 마음 독하게 먹고 있었다

글자를 모르는 생활을 상상해 본다. 표지판을 읽을 수 없다. 관공서에 가도, 병원에 가도 서류를 쓸 수 없다. 계약서를 읽지 못한다. 음식점의 메뉴도 읽지 못한다. 전철의 행선지도 알 수 없다. 자식에게도, 손주에게도 그림책을 읽어줄 수 없다. 그리고 주변 사람들에게 읽고 쓰지 못한다는 사실이 알려지는 것에 대한 두려움. 얼마나 불안할까. 생명과 관련된 일도 있을 것이다. 겉으로 드러나는 불편함밖에 상상하지 못한다는 것이 얼마나 사람에게 상처가 될 수 있는지 비로소 깨닫는다. 상상도 할 수 없는, 짐작조차 하기 어려운 고통을 헤아려본다.

나의 삼촌은, 앞을 보지 못한다. 어렸을 때 앞이 보이지 않는다는 게 궁금해 가끔 눈을 감고 방 안을 걸어보았다. 누가 볼까 봐, 아무도 보지 못하게 몰래 했다. 안 봐도 환한 우리 집인

＊다네다 산토카의 유명한 하이쿠—옮긴이

데, 눈을 감으면 한 발짝 내딛는 것도 두려웠다. 소리에 민감해졌고, 음식을 먹는 것조차 쉽지 않았다. 여러 번 해 봐도, 오랫동안 눈을 감고 있는 건 불가능한 일이었다. 눈을 감는다는 건 어린 나에겐 일종의 놀이나 마찬가지였지만, 그럴 때마다 삼촌의 삶은 정말 힘들겠구나 싶었다. 지금, 오랜만에 해봤는데, 눈을 감자마자 갑자기 휴대전화가 울렸다. 평소보다 벨소리를 크게 해놓은 것을 잊어버리고 있어서 깜짝 놀라 의자에서 굴러떨어질 뻔했다.

어릴 때 앞이 보이지 않는 삼촌 집에 심부름을 간 적이 있다. 아마 초등학교 고학년이었을 텐데, 나도 모르게 엉뚱한 버스를 타버렸다. 고작 버스를 잘못 탔을 뿐인데도 그때 느낀 불안한 마음은 지금도 생생하다.

삼촌은 10년 전쯤 자살을 기도했다. 목숨은 건졌지만, 후유증이 남은 것 같다. 1월 2일 밤, 아직 서점에 손님이 있을 때 연락이 왔다. 새해인데 왜 그런 일을, 새해라서 그런 걸까, 그런 생각을 하다가 버스를 잘못 탔을 때의 일을 떠올렸다. 뭔가 이상하다고 느끼면서도 내리지 못하다가, 할머니댁 근처를 지날 때 여기는 아는 데야, 하고 반사적으로 내렸다. 그 뒤의 일은 기억나지 않지만, 할머니에게 버스를 어떻게 타야 하는지 물어

보지 않았을까. 그때 느낀 불안. 삼촌의 삶에 드리운 불안과 비교하면, 보잘것없는 불안.

운영하던 카페 옆의 작은 점포를 빌려 서점을 열기로 한 건, 삼촌의 소식을 듣기 불과 며칠 전이었다. 걱정하며 반대한 사람도 있지만, 전부 내가 책임질 거니까 내 마음대로 하겠다며 개의치 않았다. 하지만, 그날, 하고 싶은 대로 살아가는 나에 대한 죄책감을 느끼지 않을 수 없었다.

읽기와 쓰기를 넘어 말 그 자체를 빼앗긴 사람들이 있다. 태아성 미나마타병 환자 중에는 말 한마디 해보지 못하고 세상을 떠난 사람도 있다. 우리 모두가 빼앗은 말.

빼앗긴 것은, 말뿐만이 아니다. 삶, 그 자체를 빼앗겼다. 그들이 말할 수 있었다면, 어떤 말을 하고 싶었을지 생각해 본다. 그 말은, 우리가 쉽게 대변할 수 있는 말이 아니다. 대변할 필요조차 없었는지도 모른다. 그들은 온몸으로 말하고 있었을 수도 있다. 우리가 쓰는 말보다 더 강렬하고 깊이 있는 언어를 가지고 있었을지도 모른다. 고양이도 말이 없는 게 아니다. 그들의 행동이 말 그 자체다. 그 고양이들이 제일 먼저 미나마타병에 걸렸다. 우리는 고양이들에게도 계속 사과해야 한다.

지금 구마모토에는 미나마타병 전시회가 열리고 있다. 다른 지역에서도 많은 사람이 보러 오는 것 같다. 멀리서 오신 손님이 전시장에서 본 영상에서 가와모토 씨가 칫소(미나마타병의 원인이 된 메틸수은을 무단 방류했던 신일본질소주식회사―옮긴이)의 시마다 사장에게 한 말이 인상적이었다고 말씀하셨다. 저는 책이 좋아서 많이 읽습니다, 그래서 그 말이 가슴에 박혔습니다, 라고. 가와모토 씨는, 미나마타병 환자인 아버지를 간병했고, 자신도 발병한 뒤에는 칫소와 직접 교섭을 시작해 1년 8개월간 도쿄 본사 앞에서 농성을 벌여, 미인정 환자 구제 운동의 주도적 인물이 된 가와모토 테루오 씨를 말한다. 나도 그 영상을 보면서, 가와모토 씨가 나를 향해 말하는 것만 같았다. 교섭장에서 시마다 사장과 마주 앉은 가와모토 씨가 취미가 뭐냐고 묻는다. 시마다 사장은 딱히 없습니다, 책을 읽는 정도입니다, 라고 답한다. 그러자 가와모토 씨는 이렇게 말한다.

책을 읽으십니까? 책, 읽으십니까? 가르치려고 허는 것은 아니지만잉, 당신이 읽은 책과 고사키 씨(미나마타병 환자의 이름)의 죽음이나 마츠모토 씨(미나마타병 환자의 이름)의 죽음이 하나도 연결되지 않습니까? 읽고도, 정말 아무 관련이 없다고 느끼십니까? 어떻습니까?

『삶을 되살린, 말』이라는 책은 손님이 알려주었다. 분명 관심이 있을 거라고 한 그녀는 선주민 문학을 연구한다. 우리는 선주민들의 말도 **빼앗았다**. 풍요로운 세계를 물들이는 언어가 있었지만, 전 세계적으로 나중에 온 외지인이 쓰지 못하게 한 말.

아이누어로 곰의 영혼을 보내는 의례를 '이요만테'라고 한다. 붙잡힌 새끼 곰은 그 모습을 빌려 이 세상에 내려온 신이라 일정 기간 마을에서 애지중지 키운다. 그 후, 마을 사람들이 모두 모여 기도하고 진심으로 감사하는 마음으로 잡아먹고, 신의 나라로 돌려보낸다. 이요만테. 우리가 잊어버린 마음이라, 아이누족에게서도 **빼앗으려** 했다. 하지만 말을 **빼앗을** 수는 있어도 마음까지 빼앗을 수는 없다.

노사리. 구마모토 사투리로 '하늘이 준 것'이라는 뜻이다. 어린 시절, 할머니가 자주 쓴 걸 기억하고 있다. 요카토노, 노삿타나아(참말 다행이다, 운이 좋았구먼잉). 귓가에 아른거리는 다정한 말.

미나마타 모도 지역의 선주船主 집안에서 태어나 그 동네에서 처음으로 미나마타병이 발병한 환자를 어머니로 둔 스기모토 에이코 씨. 훗날 자신도 미나마타병에 걸려 미나마타병을 증언하는 증언자가 된다. 서로 가족이라고 하며 친척처럼 지내던 마을 사람들은 미나마타병 환자의 존재를 숨기려고 스기모토 일가를 배신하고 따돌린다. 어부에겐 생명이나 마찬가지인 소중한 그물마저 끊어놓았지. 에이코 씨는 그렇게 말했다. 그녀의 아들로, 뒤를 이어 증언자가 된 스기모토 하지메 씨가 말했다.

아버지가 큰 소리로 우시더라고요. 우는 모습을 처음 봤습니다.

그 에이코 씨에게 '노사리'라는 말의 진짜 의미를 배웠다. 에이코 씨는 미나마타병도 노사리라고 했다. 어머니가 다른 사람들보다 먼저 걸려 따돌림을 당했지만, 그렇지 않았다면 저 역시 미나마타에서 남을 괴롭히는 쪽에 있었을 거예요, 라고 했다. 그러니까 지금이 있는 거라고, 병은 노사리라고. 그런 상황에 처한다면, 에이코 씨처럼 말할 수 있을까. 에이코 씨의 말을 접할 때마다 늘 스스로에게 묻게 된다. 자신은 없다. 그래서 적어도 그녀의 말을 잊지 않고 기억해 두어야겠다고 생각한다.

선주민 문학을 연구하는 그녀가, 카운터에서 이야기를 나누던 중 무심코 차별적인 말을 했던 것 같다며 사과하는 메일을 보낸 적이 있다. 나도, 다른 손님도 한 귀로 듣고 한 귀로 흘릴 정도로 사소한 말이었기에 연락을 받고 놀랐다. 다이다이 서점이라서 깨달았을지도 모른다고 했다. 책의 눈이 있으니까요, 그렇게 덧붙여 있었다. 그렇구나. 나는 매일, 살아 있는 말에 둘러싸여 있다. 그녀의 글을 읽고, 나도 모르게 옷깃을 여몄다.

자습실

　손님들을 보다 보면, 자습실에 있는 것 같은 느낌이 든다. 어른들의 자습실. 자리를 옮긴 뒤로는, 그런 분위기가 더 짙어진 것 같다. 지금도, 자주 오는 청년이 창가에서 그림을 그리고 있다. 원래 혼자 오는 손님이 많아서, 편히 앉을 수 있도록 창가를 따라 자리를 만들어서 그런지도 모른다. 책을 읽는다. 편지를 쓴다. 노트북으로 일하는 사람도 있고, 열심히 노트에 무언가를 쓰는 사람도 있다. 따로 또 같이 시간을 보낸다. 카페란 그런 곳이기도 하다. 적당한 긴장감 덕분에 일이 잘된다. 그렇다면 나도 한번 해 볼까 하는 마음에 쉬는 날 몇 번 나와 일을 해 보려 했지만, 불이 켜진 걸 보고 손님이 들어오니 일이 되지 않았다. 원래 자기 가게에서는 손님이 될 수 없다. 마실 걸 직접 만들어야 하고, 긴장감이랄 게 없으니 딴짓을 하기 일쑤다. 몇 번 시도해봤지만, 좀처럼 진도가 나가지 않아서 서점이 쉬는 날에는 집에서 일을 하게 됐다.

손님들은 집중력이 떨어지면 휴식 삼아 아는 사람과 잡담을 하거나 서가 사이를 산책한다. 창으로 들어오는 햇살을 이기지 못하고 꾸벅꾸벅 조는 사람도 있다. 여기만 오면 졸려. 여기로 온 뒤로 가끔 이런 말을 듣게 됐다. 나도 자주 졸음이 쏟아진다. 비가 오는 날은 어디에 있든 졸립지만.

비가 소리를 지워, 세상은 무성영화가 된다. 그래서 비가 좋다. 빗소리와 함께 이 세상의 티끌과 언짢은 기분도 씻겨나가는 것 같다. 기분 문제라서, 미세먼지나 황사가 섞여 있어도 부슬부슬 내리는 비는 좋아한다. 큰비가 내리면 두렵고 불안하지만, 비가 전혀 오지 않는 날이 계속되면 괴롭다. 풀과 나무는 마르고, 숨이 가빠 보인다. 비가 내리면, 풀과 나무는 물론이거니와 길가와 지붕, 다리와 자동차의 사이드미러를 비롯한 모든 것이 촉촉해져 색이 더 선명하게 보인다. 세상의 색이 달라진다.

얼마 전에 『연월일』이란 책을 읽었다. 미사여구나 군더더기 없이, 간소하지만 힘 있는 이야기. 이 이야기 속에는 내내 비가 오지 않는다. 아무리 애를 태워도, 비는 내리지 않는다. 우화 같은 이야기지만, 지금도 아릿하게 마음에 깊이 남아 잊히지 않는 책이 되었다.

한 농촌 마을이 유례없는 큰 가뭄에 휩싸인다. 마을 사람들은 살기 위해 마을을 떠나기로 하지만, 노인 한 사람과 눈이 먼 개 한 마리가 마을에 남는다. '셴先' 노인과 기우제로 두 눈이 멀게 된 개. 한 사람과 한 마리는, 밭에 남은 한 그루의 옥수수 모종을 지키고자 얼마 안 되는 식량을 두고 쥐와 다투고, 물을 찾아 늑대와 맞선다. 그리고 목숨을 이어가기 위해 최후의 수단을 취한다.

저자 옌롄커는 중국 허난성의 가난한 농촌 마을 출신이다. 그의 작품은 중국에서는 금서 처분을 받은 것이 많아, 반체제·반골 작가라는 인상을 받기 쉽다. 하지만 『연월일』과 농민이었던 아버지의 모습을 그린 산문집 『나와 아버지』를 읽어보면, 그게 이 작가의 전부는 아니라는 것을 알게 된다. 『연월일』에서는 『나와 아버지』에 그려진 그의 아버지의 모습이 자주 셴 노인과 겹친다. 곁에 있는 개는 저자 자신일 것이다. 셴 노인은 개에게 말을 건다.

어째서 나무며 풀에 따라 이파리가 나오는 방향이 다른 걸까.

내가 굶어 죽더라도, 결단코 너를 굶어 죽게 하지는 않을 테니까.

나의 다음 생이 짐승이라면, 나는 너로 태어나련다. 너의 다음 생이 인간이라면, 내 자식으로 태어나려무나.

오늘날, 인간이 제아무리 지혜롭다고 해도 비를 내리게 할 수는 없다. 계속해서 내리는 비를 멈추게 할 수도 없다. 하지만 셴 노인과 눈먼 개는, 인간이 견디고 살아남기 위하여 안간힘을 쓰며 지혜를 총동원한다. 인정사정없이 작열하는 태양 아래 대지가 타들어가는 이야기를 읽으면서, 셴 노인과 눈먼 개와 함께 비를 생각했다. 오늘은, 비가 내릴 듯한 하늘. 잿빛의 묵직해 보이는 습한 구름이 하늘 가득 깔려 있다. 더운 여름날보다도, 이런 날 더 그들이 떠오른다. 그들이 굶주림 속에서 상상했던 옥수수 낟알. 진주처럼 빛나는, 그릇을 가득채운 옥수수 낟알. 그걸 씨앗 삼아, 계절이 지날수록 옥수수의 초록으로 뒤덮이는 산을 상상한다.

이렇게 간소한 이야기를 읽고 있으면, 인간은 어디로 가려고 하는 걸까 하는 의문이 든다. 당연한 것처럼 지내는 이 세상이 조금 번잡스럽게 느껴진다.

쓰고 싶지 않다며 버텼지만, 휴대폰이 오래되어서 결국 작년부터 스마트폰으로 바꿨다. 바꾸자마자 큰 지진이 나서 확실히 편리하다는 걸 실감했다. 하지만 문득, 이 작은 기계에 너무 의지하는 건 아닌가 싶어 불안해질 때가 있다. 편리한 것이 그렇게까지 필요했나 싶어 위화감이 든다. 하지만 그런 마음은 오래 가지 않고, 어느새 또 이 작은 기계에 의지하고 있다. 편리하다는 건 좀처럼 포기하기 어렵다.

요즘 카페에서도 길가에서도, 운전 중에도, 자전거를 타면서도 모두 스마트폰만 만지고 있다. 아이도 어른도, 아저씨도 아줌마도. 나 역시 그렇다. 카페에서 마주 앉아 차를 마시면서도, 서로의 얼굴은 보지 않고 스마트폰의 작은 화면만 보는 사람들도 있다. 옆에 앉아 책을 읽는 것과 뭐가 다르냐고 한다면, 그러고 보니 같은 걸지도 모르겠다는 생각도 든다. 스마트폰으로 전자책을 읽는 사람이 있는가 하면, 일을 하는 사람도 있을 테고. 그저 그 도구가 스마트폰으로 대체되고 있는 것일지도 모른다. 그래도 그런 광경을 보면 왠지 마음이 조금 무거워진다. 가끔은 가방에 넣고 꺼내지 않아도 괜찮지 않냐고 남 얘기하듯 말하고 싶다. 도대체 뭐가 싫은 걸까. 의존하고 있다는 느낌일까. 스마트폰이 마치 라이너스의 담요 같다. 나도 의

존하고 있다는 걸 자각하고 있다. 모르는 게 있으면 바로 구글에 검색한다. 일기예보는 매일 문자로 받고 있다. 구름 모양을 보고 날씨를 짐작하거나, 피부로 기온을 느끼는 건 이제 좀처럼 하지 않는다. 그러면서 예상 기온보다 높네, 낮네 불평을 늘어놓곤 한다.

구글 지도의 길 안내를 쓰면 편리하지만, 목적지 근처까지 왔는데도 빙 돌아가게 할 때가 있다. 스마트폰이 없었을 땐 정말 그렇게 불편했을까. 지도를 보며 목적지를 찾을 땐 이것저것 눈에 들어와서 즐거웠다. 찾지 않던 것도 눈에 띄었다. 찾던 장소가 뒷전으로 밀려난 적도 있었다. 위키백과도 자주 쓰지만, 검색한 내용은 어쩐지 금방 잊어버리고 만다. 기억의 서랍에 전혀 남아 있지 않고, 그때뿐인 일회성 지식으로 끝난다.

하늘은, 날씨를 확인하기 위해서는 아니지만 지금도 본다. 창문이 많은 곳으로 이전한 덕분인지 예전보다 더 자주 보는 것 같다. 해가 지고 달이 뜨는 걸 본다. 집으로 돌아가는 길에는, 늘 달을 찾는다. 며칠 전에 뜬 보름달도 몇 번이나 보았다. 시간의 흐름에 따라 여러 방향에서. 집의 창가에서는 달이 잘 보인다. 구름이 많은 밤이었고, 달은 가끔 구름 사이로 숨었다가 얼굴을 내밀었다. 나왔다, 나왔어, 달이. 달빛이 구름을 어슴푸레 비추었다. 휴대폰으로 한 장 찍어봤지만, 보이는 것만큼 찍히지 않았다. 괜한 짓을 했다. 보이는 그대로가 훨씬 아름답다. 휴대폰은 내버려두고 몇 번이고 달을 바라보았다.

얼마 전, 사진가 친구와 바닷가를 따라 드라이브를 했다. 사진집 출간 기념 사진전과 북토크를 위해 왔던 터라, 구마모토에 있는 동안 서로 너무 바빠 충분히 이야기를 못했다. 그래서 다음 행선지까지 데려다주기로 했다.

그녀의 사진은 빛으로 가득하다. 어둠을 찍어도 그 안에는 빛이 존재한다. 보는 것, 담아내는 것이 나와 압도적으로 다르다. 만물을 살피는 그녀는 같은 하늘을 바라봐도 무언가를 찾아낸다. 나는 그저 어렴풋이 아름답다고 생각할 뿐이다. 막연히 바라보는 것밖에 할 줄 모른다.

운전을 하는데 옆에서 친구가 중얼거렸다. 아, 무지개다. 그곳에만 다른 빛이 있었다. 어쩌면 무지개가 아니라 채운彩雲일지도. 채운 알아? 한결 즐거워 보이는 얼굴로 가르쳐주었다. 그 자리에만 태양에 물든 구름이 선명한 색을 띠고 있었다. 그날은 연거푸 채운을 봤다. 그녀 덕분에 다음에는 나도 찾을 수 있을것 같다는 생각이 들었다. 그때는, 채운과 함께 그녀를 떠올릴 것이다.

자습실 같은 서점 안에서도 대부분의 손님이 스마트폰을 들고 있다. 항상 테이블 위에 올려두는 사람도 많다. 하지만 그 옆에 책이나 노트를 펼쳐놓은 사람, 같이 온 사람과 즐겁게 이야기를 하는 사람 등 다양한 모습이라 스마트폰에만 의지하는 것 같지는 않다. 그런 광경을 보면 안도감이 든다. 어제는 멀리서 온 손님이 아이스 커피 두 잔을 마시는 내내 기분 좋은 듯 창밖을 바라보고 있었다. 창가에서는 가끔 노면전차가 지나가는 모습이 보인다. 한낮엔 덥지만, 아침저녁으로는 가을 기운이 짙어져서 이제 하늘도 더는 여름 하늘이 아니다. 그 손님은 노래를 하는 사람으로, 전에 우리 서점에서도 노래를 했었다. 가을하늘 아래, 여행지에서 멍하니 시간을 보내는 건 기분 좋은 일이겠구나 싶어 조금 부러워졌다.

설날에 있었던 일. 화가인 단골손님이 낮부터 맥주를 마시고 있었다. 올해는 닭의 해니까 다 같이 닭을 그리자고 해서 크레용과 도화지를 준비했다. 설날이라 귀성한 손님도, 근처에 사는 손님도 모두 한가했다. 그래서 젊은이부터 아저씨, 아줌마까지 의외로 심심풀이 같은 그 제안에 푹 빠져 그림을 그렸다. 그림을 그린 손님들은 평소에 뭔가 만드는 일을 하는 사람들이라 그런지, 완성된 그림은 하나같이 제법 괜찮았다. 즐거웠는지, 그대로 계속 그림을 그리는 사람도 있었다. 그림을 그렸던 손님 중 한 사람이 여름에도 본가에 왔다가 들렀다. 설날에 같이 그림을 그렸던 걸 이야기하며 그때 참 재미있었다고 했다.

여긴 어른들의 어린이집 같아, 라는 말을 가끔 듣는다. 아이들의 어린이집과 달리, 손님들은 자발적으로 오지만. 자유롭게 놀고, 가고 싶을 때 간다. 가끔 이 책 한번 읽어보라거나, 책 좀 골라달라거나, 내 얘기 좀 들어보라는 말을 들을 때면 내가 어린이집 선생님 같기도 하다. 딱히 신경 써서 챙겨주는 것도 아니고 칭찬 같은 건 잘 못하는 선생님이지만, 다들 질리지 않고 와 주니 고마울 따름이다.

어른이 되고 나니 멍하니 있는 것도, 무언가에 푹 빠지는 일도 예전만큼 잘 되지 않는다. 나도 손님들을 보고 좀 배워야 할지도 모르겠다.

축하

 칭찬에 익숙하지 않다. 칭찬받는다고 자신감이 붙는 타입도 아닌 것 같다. 칭찬을 받아도 뭐라고 답해야 할지 몰라서 네…라고 하거나, 고맙습니다 정도밖에 못한다. 붙임성이 없어도 이렇게 없나 싶을 정도다. 기쁘지 않은 건 아니지만, 괜히 몸 둘 바를 모르겠다. 가장 마음 편하게 받을 수 있는 칭찬은 손님들에게 추천했던 책에 대한 것이다.

 얼마 전에 새로 들어온 책이 너무 재미있어서 사람들에게 마구 추천했더니, 고맙다는 인사를 여러 번 들어서 좋았다. 『나는 나대로 혼자서 간다』라는 책이다. 저자는 63세에 문예상을 수상하며 등단한 와카타케 치사코. 상을 받았다고 해서 읽는 경우는 거의 없지만, 출판사 서평을 읽고 나니 궁금해져 바로 주문했다. 출판사에서 보낸 상자를 열자, '나는 나대로 혼자서 간다'라는 표지를 가득 메운 글자가 보였다. 상자에 들어 있던 다른 책은 제쳐두고, 선 채로 읽기 시작했는데 도저히 멈출 수가 없어 끝까지 다 읽어버렸다. 이 이야기를 손님들이 올 때마다 했더니, 몇 권 없었지만, 진열하기도 전에 주문한 분량이 전부 팔렸다. 바로 다섯 권 정도 추가로 주문했는데, 이번에는 이미 다 읽은 뒤라 더 적극적으로 추천해서 다음에 들어올 책까지 예약을 받았다.

이와테현 출신의 와카타케 씨는 남편이 세상을 떠나고 깊은 슬픔에 잠겼을 때, 아들의 권유로 소설 쓰기 수업을 듣기 시작한다. 그전까지는 쓰고 싶다는 마음은 있었지만, 끝까지 완성하지는 못했다고 한다. 소설의 주인공 모모코 씨의 설정은 와카타케 씨보다 나이는 많지만 남편의 갑작스러운 죽음, 도호쿠 지역 출신이지만 도시 근교의 신흥주택단지 거주, 주부라는 공통점이 있다. 홀로 살게 된 모모코 씨의 머릿속에서는 이젠 능숙해진 표준어와 "나란 존재의 바탕"인 도호쿠 사투리가 뒤엉켜 제멋대로 대화가 시작된다.

아이구야, 나 요즘 머리가 좀 이상해진 거 아녀?

이 다음에 혼자서 우짜면 좋다냐

첫 페이지에 나오는 도호쿠 사투리에 마음을 빼앗겼다. 멀리 떨어진 규슈에 살고 있는 나로서는, 새 장난감을 손에 넣었을 때처럼 따라해 보고 싶었다. 물론, 따라해 봤다.

모모코 씨의 생각은 여러 사람의 대화로 이루어져 있다. 말하는 사람도 듣는 사람도 자기 자신이지만, 정작 자신은 그저 껍데기 같은 존재라고 느낀다. 자기 마음이 자신에게 잠식당해도 의외로 괜찮을지도 모르겠다고 생각한다.

아이구우, 그런 니는 누구야
뻔하잖우. 나는 니고, 니는 나여

이야기는 잔잔하게 펼쳐진다. 모모코 씨 인생의 최대 사건인 남편의 죽음은, 이야기가 시작하기 전에 이미 일어났다. 하지만 아무 사건이 없어도, 혼자가 된 삶을 지루해하지 않는 모모코 씨의 이야기는 독자를 강하게 끌어당긴다. 빙글빙글 도는 그녀의 생각을 따라가다 보면 어느새 내 생각도 섞여서, 모모코 씨가 말하는 재즈의 세션처럼 서로 부딪히고 겹친다. 그래서 순

식간에 읽어버렸다. 나만 그런 게 아니다. 책을 사 가신 손님들도 하룻밤 사이에 다 읽었다는 분이 많았고, 당분간 오지 못한다면서 문자로 감상을 보낸 분도 있었다. 아, 지금 당장이라도 이야기하고 싶었는데, 라고. 책을 산 그날 밤에 읽으신 것 같다.

재미있게 읽었다고 아무에게나 권할 수 있는 건 아니다. 책마다 떠오르는 얼굴이 다르다. 직업병일 수도 있지만, 책에 푹 빠질수록 그 책을 읽으면 좋을 사람의 얼굴이 아른거린다. 그 사람도, 또 그 사람도 분명 이 책을 좋아할 거야. 마음에 들어할지 어떨지는 모르겠지만, 읽었으면 하고 떠오르는 사람도 있다. 그런 사람이 오면 가만히 있지 못하고 대화 중에 슬며시 그 책 이야기를 꺼낸다. 참, 이 책 아세요? 얼마 전에도 카운터석에서 케이크를 먹고 있던 손님에게 뜬금없다고 생각하면서도 추천했더니, 마침 재미있는 책 없냐고 물어보려던 참이었다고 하셨다. 추천할 땐 한껏 들떠서 나도 모르게 강매하는 것처럼 되지만, 막상 책을 사서 가면 불안해진다. 왠지 강요한 것 같은 기분이 드는데 괜찮을까. 그래서 지난번에 그 책 좋았어, 라는 말을 들으면 마음이 후련해지는지도 모르겠다. 잘 생각해 보면, 내가 칭찬받는 게 아니라 책이 칭찬받는 것이다. 그래서 있는 그대로 기뻐할 수 있다.

칭찬을 잘하는 사람은, 칭찬을 잘 받아들이는 것 같다. 내가 아는 시인들 중에는 칭찬을 잘하는 사람이 많다. 칭찬에 딱 맞는 말을 고르는 재주가 있는 게 틀림없다. 사소한 것도 잘 알아차리고 칭찬을 아끼지 않는다. 마주 보고 있을 때는 부끄럽지만, 문자나 편지로 칭찬해주면 남몰래 좋아할 수 있다. 그들은 칭찬받는 것도 능숙하다. 만면에 미소를 띠고 고맙다고 하면, 내가 칭찬을 받은 것 같은 기분이 든다. 편집자도 모두 칭찬의 달인이다. 이렇게 횡설수설하며 쓴 글을 읽고 어디든 좋은 점을 찾아낸다. 그래서 내 글이 읽을 만한 가치가 있는지 늘 의문이 들면서도, 그들의 격려에 힘입어 계속 글을 쓰고 있다. 예전에 서평을 연재할 때, 담당 편집자가 언제나 분에 넘치는 칭찬을 해주길래 나도 모르게 역시 편집자는 칭찬을 잘하네요, 하고 답장한 적이 있다. 그러자 편집자가 진짜 좋으니까 칭찬하는 겁니다, 고쳐야 할 게 있을 때는 제대로 말합니다, 하고 단호하게 말했다. 실례했구나 싶어 반성했다.

어릴 때부터 칭찬받는 게 어색해서, 상장 같은 걸 받아서 집에 갔을 때 부모님이 기뻐하는 게 싫었다. 부모님이 나를 자랑하는 건 더더욱 싫었다. 그런 상황에 놓이면 견딜 수가 없어서 허둥지둥 자리를 피했다. 어느 정도 크고 나서는 하지 말라고 분명하게 말했다. 지금 생각해 보면, 그 정도의 부끄러움은 조금 참고 효도했으면 좋았을 텐데, 괴팍한 아이였던 탓에 그러질 못했다. 그대로 커버렸는데, 이렇게 어른이 된 지금 상을 받게 됐다. 서점을 중심으로 시민과 작가가 지역에 기반한 문예 네트워크를 만든 점을 인정받아 '산토리지역문화상'을 받게 된 것이다. 수상 소식을 알리는 전화에 5초 정도 아무 말도 못하다가 가까스로 감사 인사를 우물거렸다. 나중에 담당자가 보낸 메일에는 첫 수상 거부인가 싶어 조마조마했습니다, 라고 적혀 있었다. 어른스럽지 못했다.

 감사한 일이라는 건 머리로는 이해하고 있지만, 취재 요청이 들어오고 언론에 발표되기 시작하면서 안절부절못하는 마음은 더 커졌다. 많은 사람이 찾아와 주셨고, 그에 따라 화학반응처럼 여러 변화가 일어나고 있지만, 그건 내가 앞장서서 뭔가를 해서 그런 게 아니다. 자연스럽게 생겨난 일이다. 여러 사람의 도움이 없었다면, 서점을 계속하는 것조차 어려웠을 것이다. 이런 마음이, 있는 그대로 기뻐하는 데 제동을 걸었다. 하물며 많은 사람들 앞에서 상을 받는다니, 생각만 해도 진땀이 흐르는 일이다. 사실 칭찬받아야 하는 건 제가 아닙니다, 라고 말하고 싶어서 말문이 막혔던 걸지도 모르겠다.

　주변에 수상 소식이 알려지며 축하 인사가 도착했다. 편지에 전보까지 왔다. 전보를 받은 건 성인식 이후 처음인데, 멀리 사는 도예가들이 웃기려고 보냈다. 조용히 꽃과 술을 주는 손님도 있었다. 왠지 내 일처럼 기뻤다고 말해주셨다. 알아주는 사람이 있다는 게 제일 기뻤다고 말한 분도 있다. 이렇게 작고 보잘것없는 서점의 일을 자기 일처럼 기뻐했다. 빚이 조금 줄겠네, 라고 말한 사람도 있었다. 손님이 빚 걱정까지 하게 만든 건 좀 민망했지만, 고마운 일이었다.

　상을 받은 후, 와타나베 교지 씨가 사람들을 모아 성대하게 축하하자고 하셨다. 여러 사람을 부르는 건 피하고 싶다고, 칭찬받는 게 어색하다고 하자 와타나베 씨는 자의식 과잉이 아닐까, 혹은 자기애가 부족한 게 아니냐고 하셨다. 그렇긴 하지만, 싫은 건 싫다고 말하고 함께 《아르텔》을 만드는 신문 기자를 포함한 셋이 모여 축하했다. 또 어른스럽게 굴지 못했던 것 같지만, 진심으로 기뻐하며 축하해주는 두 사람과 함께 느긋하게 식사를 할 수 있어서 좋았다.

　도쿄에서 시상식이 열린 날, 주로 간토 지역의 지인들이 일부러 시간을 내서 와주셨다. 구마모토에서도 몇 사람이 함께했다. 여행도, 이런 자리도 익숙하지 않아서 모두 엄마처럼 챙겨주었다. 스이카(도쿄를 비롯한 수도권에서만 쓸 수 있었던 교통카드—옮긴이) 없죠? 스타킹이랑 굽 있는 구두 잘 챙겨야 해. 입을 만한 옷은 있는 거야? 모두, 엄마가 되어 있었다. 내가 실수하지 않을까 걱정한 것이다. 시상식장에 도착하자, 다들 내가 도쿄에 있는 걸 보니 신기하다고 했다. 15년 만에 갔으니 그럴 만도 하다.

정장 차림이 많은 시상식장에서 다이다이 서점의 테이블에는 다양한 사람들이 앉아 있어서 눈에 띄었다. 공룡 탈을 쓴 사람도 있었다. 만드는 사람에게 쓰고 오라고 했더니, 정말로 쓰고 왔다. 그 테이블은, 서점을 그대로 옮겨 놓은 것 같았다. 서로 어울리지 않는 것처럼 보이는 손님들이, 이상하게도 함께 있으니까 전혀 어색해보이지 않았다. 그 모습을 보면서 깨달았다. 그들을 포함한 다이다이 서점에 주어진 상이었다. 그렇게 생각하니, 그저 기뻐하면 될 일인데, 칭찬받고 싶지 않다며 오만하게 굴었던 것 같다.

그날, 리허설을 하러 시상식장에 갔더니 테이블 위에 전보가 놓여 있었다. 구마모토문학대가 보낸 전보였다. 구마모토문학대는 문학을 부흥시키기 위해 시인 이토 히로미 씨가 앞장서 결성한 '비밀 결사단'이다. 다이다이 서점은 구마모토 문학대의 사무국이기도 하다. 나중에 천천히 보려고 했지만, 궁금한 나머지 참지 못하고 열어 보았다. 히로미 씨가 모두의 마음을 읽고 글로 정리했음을 한눈에 알았다. 히로미 씨의 글은 그만의 색이 있다.

> 구마모토성의 축대가 무너져도,
> 아소의 산이 무너져도,
> 다이다이 서점은, 자리를 옮기고, 모습을 바꾸며,
> 언제나 우리 곁에 있을 것이다.
> 이렇게 작고,
> 이렇게 좁기 때문이다.
> 책과 사람, 그것밖에 없으니까.

이렇게 적혀 있었다. 미리 읽어버린 덕분에, 인사말을 할 때 눈앞이 뿌옇게 흐려졌다. 비로소 칭찬받는 것도 그리 나쁘지 않다고 생각하게 되었다.

뒤돌아보다

 활자 중독자. 글자로 쓰면 왠지 무서운 병처럼 보이지만, 병원에 가서 활자 중독이라고 호소하면 쫓겨날 것이다. 내가 의사라면 마음껏 읽으세요, 그리고 두 번 다시 오지 마세요, 라고 할 것이다. 책을 못 읽게 한다면, 슬퍼지거나 짜증이 날지는 몰라도 몸을 떨거나 환각을 보지는 않는다. 그러나 책을 읽으면 불편한 점도 있다. 일단, 외출 준비가 아슬아슬해진다. 여유 있게 일어난 날일수록 꼼지락거린다. 아침을 먹으면서 읽고, 양치하면서 읽고, 여유 있다고 생각한 시간은 눈 깜짝할 사이에 지나가고 어라, 벌써 이렇게 됐어? 하게 된다. 특히 양치할 때가 위험한데, 칫솔질하는 동안은 읽어도 된다는 내 안의 면죄부 같은 게 있어서, 정신 차려보면 그냥 칫솔을 문 채 책을 읽고 있다. 책에 정신이 팔려 감기에 걸리기도 한다. 욕조에서 책을 읽다 보면, 어느샌가 시간이 지나 목욕물이 식어 있다. 한기가 들어 알아차린다. 목욕물을 다시 데우는 기능이 있었으면 좋을 텐데, 라고 생각하며 뜨거운 물을 틀지만, 기다리지 못하고 욕조에서 나온다. 침대에서 읽다가 밤을 지새운 적도 있다. 그리고 바쁠수록 책이 더 간절해진다. 현실도피, 책 속으로 도망치는 것이다. 지금도 이 글을 쓰면서 책을 읽고 있다. 사실은 읽고 싶은 마음을 꾹 참고 쓰는 중이라 몇 줄 쓰고는 옆에 있는 책에 손을 뻗는다. 조금 썼으니까, 그만큼 읽어도 돼. 스스로 허락한다. 술꾼이 술 마실 핑계를 늘어놓는 것 같다. 그래서 원고는 좀처럼 진도가 나가지 않는다. 쓰겠다고 약속한 원고지만, 반드시 언제까지 써야 한다는 마감이 없으니 유혹을 이기지 못하고 다시 책에 손을 뻗는다.

얼마 전에 손님이 『마감』이라는 책을 빌려주었다. 여러 가지 일에 쫓기니까 공감할 것 같다고 했다. 메이지 시대부터 현재에 이르기까지, 작가들의 마감에 관한 에세이, 편지, 일기, 대담 등을 골라서 묶은 책이다. 여름방학 숙제에 쫓기는 기분으로 하루하루를 보내는 건 작가들만이 아니다. 책을 빌려준

손님 역시 늘 일과 잡무에 쫓겨 바쁘지만, 믿기 어려울 만큼 책을 많이 읽는다. 나는 비교도 안 될 정도의 활자 중독자다. 물 끓이는 시간조차 아까워서 주전자 앞에 서서 읽는다고 한다. 한번은 황급히 뛰어 들어와 지금부터 영화를 보러 가는데 읽을 책이 없다며 문고본을 한 권 사간 적도 있다. '영화 보러 가는데 책?'이라고 생각할 수도 있지만, 그녀는 상영 시작 알림 벨이 울리기 전까지의 몇 분 동안에도 책을 읽지 못하는 상황을 참지 못하는 것이다.

『마감』에는 나쓰메 소세키의 글이 실려 있다.

도무지 한가한 틈이 없어 책을 읽지 못하니 여간 답답한 게 아니다. 신문 연재 소설을 쓰는 동안에는 바빠서 당연히 읽지 못하고, 겨우 연재를 마치고 나니, 이번에는 그동안 손도 대지 않고 내팽개쳐두었던 서양 잡지 서너 종이며, 일본 잡지며, 외국에 주문해 둔 책들도 도착해 그것도 읽고 싶어진다. 그 사이에 젊은이들이 제 글을 들고 와서 읽어달라거나 평해달라고 찾아오고, 서신 왕래 또한 해야 하고, 손님도 맞이해야 하니 퍽 바쁘다.

그저 푸념일 뿐이다. 하지만 알아요, 소세키 선생님, 인생이란 잡다한 일 투성이죠, 정말 내팽개치고 싶은 건 이런 잡일이죠, 라고 말하고 싶어진다. 나 역시 출근하면 읽고 싶은 책이 서가에 줄지어 꽂혀 있고, 집에 가면 다 읽지 못한 책이 산더미처럼 쌓여 있다. 읽다 만 책이 가방 속, 차 안, 집 안 여기저기에 흩어져 있다. 하지만 하루의 대부분을 설거지와 잡다한 일로 보내니 읽지 못한 책은 늘어날 뿐이다. 그래도 틈날 때마다 읽고 있으니 소세키 선생님 역시 말은 그렇게 했어도 읽고 있었을 것이다. 이런 글을 쓴 걸 보면, 소세키 선생님도 틀림없이 활자 중독이다. 조금 전 글에서도 "책을 읽을 시간이 전혀 없다"고 또 푸념하지만, 틈틈이 책을 집어 들고 멈추지 못했을 것이다. 나도 조금 전까지 장편소설의 끝부분을 읽기 시작해 멈추지 못했고, 앞에 쓴 몇 줄은 어느덧 어제의 일이 되어버렸다.

앤서니 도어의 『우리가 볼 수 없는 모든 빛』. 마치 서랍 깊숙이 넣어둔 소중한 것을 꺼내 바라보고, 다시 넣고, 다시 꺼내고, 닦고, 한숨을 쉬는 것처럼…… 그렇게 오랫동안 읽었다. 읽는 게 아까워서 다른 책을 이것저것 뒤적이다가, 잠자리에 들기 전 187개의 단장斷章 중 한두 장만 읽었다. 하지만 마지막 100여 쪽은 멈추지 않고 단숨에 읽었다. 다 읽고 싶지 않았지만, 책장을 넘기는 손을 멈출 수가 없었다.

고아원에서 어린 시절을 보내고 나치 독일의 기술병이 된 소년과 파리의 박물관에서 일하는 아버지 밑에서 자란 눈이 먼 소녀. 이 둘이 주인공이지만, 그들의 해후는 찰나라고 말해도 될 만큼 짧다. 이야기의 배경은 제2차 세계대전. 독일과 프랑스에 전쟁의 그림자가 드리워지면서, 사람들은 시대의 소용돌이에 휘말린다. 주인공들도 그 흐름을 거스르지 못한다. 하지만 암울한 현실에 둘러싸인 와중에도, 희미하게나마 빛나는 것을 찾아낸다. 조개껍데기, 조약돌, 이야기, 쓰레기 더미에서 발견한 라디오, 그 라디오에서 들리는 또렷한 소리, 음악, 빛에 관해 이야기하는 목소리, 복숭아 통조림, 우윳빛 가득한 소녀의 눈동자, 그 독특한 아름다움. 크게 요동치는 역사 속에서, 주인공들의 시간이 하나하나 정교하게 다듬어진 보석 같은 단편斷片처럼 차곡차곡 쌓인다. 그리고 마침내 그 모든 단편이 훌륭한 건축물처럼 하나로 맞물려 완성되는데, 그 찬란한 아름다움에 가슴이 먹먹했다.

마지막 페이지를 덮은 순간 숨을 크게 내쉬었다. 긴장이 풀리자, 다시 이 이야기에 매달리고 싶어져 바로 처음부터 다시 읽었다. 이 글을 쓰면서도 또 조금 읽고 말았다. 빛이 닿는 각도에 따라 다르게 보이듯, 같은 부분을 읽어도 다 읽고 난 뒤에는 다른 것이 보인다. 어쩌면, 보이지 않을 것 같던 빛이 보이게 되는 것과 비슷할지도 모른다.

우리는 역사 속에서 희생당한 이들을 숫자로 배운다. 숫자로만 남아 있던 사람들이, 소설 속에서 그 모습을 드러낸다. 그들이 어느 편에 서서 싸웠느냐와 상관없이 고통을 느끼고, 목소리를 가진 인간이었음을 깨닫는다.

소설은 허구라고 말하는 사람이 있다. 하지만 그 안에는 반드시 전해져야 하는 진실이 숨어 있다.

활자 중독으로 겨룬다면, 도무지 이길 엄두가 나지 않는 손님이 많다. 이 책 좋아하실 거 같다고 추천했는데, 요즘 책을 많이 읽지 못하다 보니, 손님이 이미 다 읽은 책이라며 감상을 들려주는 경우도 종종 있다. 정말 좋은 책이에요, 생각해 줘서 고마워요. 이런 말을 들으면 마음이 급해져 허둥지둥 읽기 시작한다. 입고된 신간을 정리하고 있을 때 손님이 오셔서 이 책 분명히 재미있을 거라고 맞장구치다가 그 자리에서 바로 사가신 적도 있다. 그럴 땐, 대체로 손님이 먼저 그 책을 읽는다. 경쟁하려는 건 아니지만, 조금 아쉽다. 하지만 바로 읽지 못할 것 같을 땐 책을 사 간 손님에게 먼저 어땠는지 물어볼 때도 있다. 좋았다는 말을 들으면 마음이 놓인다.

내 차는 지금 도서관이 됐어. 어느 날, 손님이 말씀하셨다. 무슨 일이냐고 묻자, 일이 바쁜데도 책을 잔뜩 사서 자꾸 차에 실으니까 이동도서관 같더라고 하며 웃었다. 도서관이라면 책을 돌려받지만, 그녀는 아무렇지도 않게 책을 주기도 한다. 지난번에도 그렇게 말하며 전에 산 책을 또 샀다. 며칠 전에는 바쁜 와중에 뼈가 부러져 입원했지만 책을 실컷 읽었다고 했는데, 그때도 웃는 얼굴이었다. 입원 중에 읽을 책이 다 떨어지자, 친구에게 부탁해 그 친구가 대신 책을 사러 오기도 했다.

서점 안에서 차를 마시는 사람들이 모두 책을 읽고 있을 때가 자주 있다. 이런 모습이 요즘 세상에선 그리 당연한 일이 아니라는 걸 잘 알고 있다. 독서량 조사에서 한 달에 한 권도 읽지 않는다고 답한 사람이 절반에 가까운 것 같다. 철이 든 뒤로, 한 달에 한 권도 읽지 않은 적이 있었던가. 확실하진 않지만, 아마 없을 것이다.

『우리가 볼 수 없는 모든 빛』에서 눈이 보이지 않는 소녀는 파리에서 피난을 하며 무슨 수를 써서라도 갖고 가고 싶었을 점자책을 두고 떠날 수밖에 없었다. 아버지가 검소한 살림

속에서도 해마다 생일이 되면 한 권씩 사준 점자책. 마지막으로 받은 책은, 아직 다 읽지 못한 『해저 2만리』 2권. 소녀의 이름은 마리로르. 책은 언제나 눈이 보이지 않는 마리로르의 세계를 열어주고, 안아주고, 용기를 북돋아 주었다. 그 책을 가져갈 수 없다는 사실에 나까지 슬펐다.

저자 앤서니 도어는, 어느 날 뉴욕의 지하철에서 전화가 끊어졌다며 화를 내는 사람을 보고 노트에 이렇게 썼다고 한다.

우리는 멀리 떨어진 누군가와 이야기를 나눌 수 있다는 것 자체가 기적이라는 것을 까맣게 잊고 있다.

그것이 이 이야기가 시작된 계기였다. 우리는 소중한 것을 뭐든지 금방 잊어버리고 만다. 잊고 싶지 않은 것. 잊어서는 안 되는 것. 그가 노트에 적은 것처럼, 책을 읽음으로써 머릿속에 새긴다.

계산하는 동안에도 책에서 눈을 떼지 못하는 사람이 있다. 특히 책을 고르는 속도가 빠르고 많이 사는 사람일수록 그렇다. ○○○엔입니다, 하고 말을 건네지만, 마음은 딴 데 있는 것 같은 얼굴로 서가를 바라보고 있다. 한 권 들고, 역시 이것도……, 하고 내미는 경우도 있다. 그 마음은 잘 안다. 나 역시 서점에 가면 그렇게 된다. 계속 보고 있으면 사고 싶은 책이 늘어날 뿐이라고 생각하면서, 지갑 사정도 있으니까, 보고 싶은 마음을 떨쳐내고 계산대로 간다. 그런데도 미련이 남아 차례를 기다리는 동안 눈은 서가를 바라보고 있다.

얼마 전, 멀리서 온 듯한 손님이 문을 열고 나가려던 순간, 몸을 돌려 안을 둘러보았다. 책에 미련이 남은 듯 뒤돌아보더니, 미련을 떨치듯 문을 열고 나갔다.

후기

어느 날, 편지 한 통을 받았다. 우편함에 다소 도톰한 하얀 봉투가 들어 있었다. 소인은 2016년 3월 3일이었다. 이 책을 편집한 가와구치 케이코 씨가 보낸 편지로, 같이 책을 내지 않겠느냐는 내용이었다.

문학평론가 와타나베 교지 씨가 구마모토에서 잡지를 내자고 해서 《아르텔》을 창간한 게 그보다 조금 전인 2월이었다. 가와구치 씨는 《아르텔》에 실린 내 글이 마음에 들었던 것 같다. 갑작스럽게 느끼실지도 모르겠지만, 이라고 적혀 있던 것처럼 생각지도 못한 일에 놀랐다. 가끔 청탁을 받으면 짧은 글을 쓰는 정도지, 보통은 아무것도 쓰지 않는다. 일기도, 시도, 산문도 쓰지 않는다. 와타나베 씨가 아무 글도 쓰지 않는 거냐고 물어봤을 때도, 읽는 게 즐겁다고 답했다. 그래도 뭔가 쓰라는 말을 여러 번 듣고 난 뒤에 쓴 것이 《아르텔》에 실린 글이었다. 책 한 권 분량이라니, 막막했다. 잠시 고민하다가, 역시 안 되겠다는 생각에 이메일을 보내고 거절한 걸로 여겼다.

그런데 답장이 없다. 편지도 오지 않았다. 편집자가 답장을 잊을 리 없다. 그러고 보니, 가와구치 씨가 편집한 가노코 히로후미 씨의 『헤로헤로』의 후기에 "그녀가 '당신의 글을 좋아합니다'라고 가만히 눈을 보며 눈물을 글썽인다면, 누구라도 다리에 힘이 풀려 실례를 할지도 모른다"라고 쓰여 있었다. 큰일 난 건지도 몰라. 문득 전화를 해서 정중히 거절해야 하나 생각하던 참이었는데, 어느샌가 서점 앞에 가와구치 씨가 서 있었다. 와 버렸습니다, 하며 생긋 웃고 있었다. 그녀의 눈빛이 가진 힘은 『헤로헤로』에 쓰여 있던 그대로였다. 그래서 지금 이렇게 후기를 쓰고 있다.

편지를 받은 지 2년이 지났다. 구마모토 지진 전에 첫 번째 원고를 쓰고, 두 번째 원고를 쓰는 도중에 지진이 일어났다. 그 뒤로 여러 일이 있었다. 너무 많은 일이 있어서 길었는지 짧았는지 모르겠는 2년이었다. 일상의 다양한 일이 단기간에 이렇게 크게 변해버린 건 처음인 것 같다.

잡다한 일에 쫓겨 원고는 지지부진, 세 번째 봄을 맞아 비로소 책으로 태어나려 하고 있다.

탈고한 건, 1월. 그로부터 한 달도 채 지나지 않아 이시무레 미치코 씨가 세상을 떠났다. 정갈한 글씨로 교정된 원고를 읽으며, 이시무레 씨의 말에 닿은 부분에서 이시무레 씨를 생각했다. 이시무레 씨의 말을 이만큼 빌렸으니, 피와 살이 되도록 더 열심히 읽어야겠다고 가슴에 새긴다.

격려보다는 다정하게 손을 잡아 이끌 듯 글을 쓰는 쪽으로 이끌어주셨고, 잊을 만하면 불쑥 도착했을 원고에 오랜 시간 함께해주신 가와구치 씨에게 깊이 감사드립니다. 그리고 나의 서투른 글을 책이라는 형태로 묶기 위해 힘써주신 모든 분에게도.

마지막으로, 다이다이 서점을 찾아주신 모든 분께 감사의 마음을 담아.

그들이 없었다면, 이 책은 세상에 나오지 못했을 겁니다.

2018년 3월, 벚꽃이 만개한 구마모토에서
다지리 히사코

이 책에 나오는 책과 잡지

『무슈 린의 아기』, 필리프 클로델, 정혜승 옮김, 미디어 2.0, 2006

『몸의 선물The Gifts of the Body』, 레베카 브라운Rebecca Brown, 시바타 모토유키柴田元幸 옮김, 新潮文庫, 1996

『세계의 끝과 하드보일드 원더랜드』, 무라카미 하루키, 김난주 옮김, 민음사, 2009

『홍당무』, 쥘 르나르

『아사쿠사 젠자이浅草善哉』, 고가 에리코古賀絵里子, 青幻舎, 2011

『소네자키신주曾根崎心中』, 가쿠다 미치요角田光代, 지카마쓰 몬자에몬近松門左衛門 원작, リトルモア, 2011(『소네자키 숲의 정사』, 고려대출판부, 지카마쓰 몬자에몬, 최관 옮김, 2007)

『말의 식탁ことばの食卓』, 다케다 유리코武田百合子 글, 노나카 유리野中ユリ 그림, ちくま文庫, 2005

『카이마나 힐라의 집カイマナヒラの家』, 이케자와 나쓰키池沢夏樹 글, 시바타 미쓰유키芝田満之 사진, 集英社, 2004

『전쟁은 여자의 얼굴을 하지 않았다』, 스베틀라나 알렉시예비치, 박은정 옮김, 문학동네, 2015

『나는 태양을 삼킨다僕は、太陽をのむ』, 마키노 이사오牧野伊三夫, 港の人, 2015

『겨울 일기』, 폴 오스터, 송은주 옮김, 열린책들, 2013

『여행하는 나무』, 호시노 미치오, 김욱 옮김, 갈라파고스, 2006

『새벽夜明け』, 야마우치 유山内悠, 赤々舎, 2015

『구름 위에 사는 사람 후지산 스바시리구치 7부 능선 산장에서雲の上に住む人 富

士山須走口七合目の山小屋から』, 세키 쓰구히로関次広 글, 야마우치 유山内悠 사진, 静山社, 2014

『신념: 히가시우라 나라오, 1만 일 연속 등반 도전信念: 東浦奈良男 一万日連続登山への挑戦』, 요시다 토모히코吉田智彦, 山と渓谷社, 2012

《지진 재해학震災学》, 도호쿠가쿠인대학東北学院大学 발행, 아라에미시荒蝦夷 발매

《아르텔アルテリ》, 아르텔 편집실

《구마모토 풍토기熊本風土記》, 新文化集団

『0엔 하우스0円ハウス』, 사카구치 교헤이坂口恭平, リトルモア, 2004

『가족의 철학家族の哲学』 사카구치 교헤이, 毎日新聞出版, 2016

『현실이 깃든 집現実宿リ』, 사카구치 교헤이, 河出書房新社, 2017

『힙합의 시인들ヒップホップの詩人たち』, 쓰즈키 교이치都築響一, 新潮社, 2007

『졸리Zoli』, 콜럼 매캔Colum McCann, Random House, 2006

『파푸샤, 그 시절의 세계パプーシャ その時の世界』, 파푸샤/예지 피초프스키 외パプーシャ/イェジ·フィフォフスキ他, 다케이 마리武井摩利 옮김, ムヴィオラ, 2015

『밤의 미키마우스夜のミッキーマウス』, 다니카와 슌타로谷川俊太郎, 新潮社, 2006

『작별 인사 후에さよならのあとで』, 헨리 스콧 홀랜드Henry Scott Holland, 다카하시 카즈에高橋和枝 옮김, 夏葉社, 2017

『고해정토: 나의 미나마타병』, 이시무레 미치코, 김경인 옮김, 달팽이, 2022

『Cui Cui』 가와우치 린코川内倫子, フォイル, 2014

『강이 나를 받아주었다川が私を受け入れてくれた』, 가와우치 린코, torch press, 2018

『시미しみ』, 사카구치 교헤이, 毎日新聞出版, 2017

『이어지는 대화: 로커에게 바치는 조사会話のつづき ロックンローラーへの弔辞』, 가와사키 토오루川崎徹, 講談社, 2011

『인생의 수레바퀴現車』, 후쿠시마 지로福島次郎, 論創社, 2014

『돌아갈 수 없는 집還れぬ家』, 사에키 카즈미佐伯一麦, 新潮社, 2013

『편의점 인간』, 무라타 사야카, 김석희 옮김, 살림, 2018

『나가사키 군의 손가락長崎くんの指』, 히가시 나오코東直子, マガジンハウス, 2017

『약국의 타바사薬屋のタバサ』, 히가시 나오코, 新潮社, 2009

『문장 교실文章教室』, 카나이 미에코金井美恵子, 福武文庫, 1985

『판잣집들의 혼잣말こやたちのひとりごと』, 다니카와 슌타로 글, 나카자토 카쓰히토中里和人 사진, ビリケン出版, 2007

『이시무레 미치코 시문 컬렉션 6 아버지石牟礼道子詩文コレクション 6 父』, 藤原書店, 2010

『삶을 되살린, 말: 글을 쓰는 힘-요코하마 고토부키초에서生きなおす、ことば: 書くことのちから 横浜寿町から』, 오사와 토시로大沢敏郎, 太郎次郎社エディタス, 2003

『노사리: 미나마타 어부, 스기모토 일가의 기억으로부터のさり: 水俣漁師、杉本家の記憶より』, 후지시키 도시藤崎童士, 新日本出版社, 2013

『증언 미나마타병証言 水俣病』, 구리하라 아키라栗原彬, 岩波新書, 2000

『연월일』, 옌롄커, 김태성 옮김, 웅진지식하우스, 2019

『나와 아버지』, 옌롄커, 김태성 옮김, 자음과모음, 2011

『나는 나대로 혼자서 간다』, 와카타케 치사코, 정수윤 옮김, 토마토출판사, 2018

『마감〆本』, 편집부 엮음, 左右社, 2016

『우리가 볼 수 없는 모든 빛 1, 2』, 앤서니 도어, 최세희 옮김, 민음사, 2015

『헤로헤로: 잡지 《요레요레》와 '타쿠로쇼요리아이'의 사람들へろへろ: 雑誌《ヨレヨレ》と'宅老所よりあい'の人』, 가노코 히로후미鹿子裕文, ナナロク社, 2015

책과 고양이
(그리고) 나의 이야기

초판 1쇄 발행 2025년 7월 25일

지은이	다지리 히사코
옮긴이	한정윤
펴낸곳	니라이카나이
출판등록	2020년 1월 29일 제2020-000024호
이메일	niraikanai_2020@naver.com
인스타그램	niraikanai_books

ISBN 979-11-981778-4-1 03830

• 잘못 만들어진 책은 구입하신 곳에서 바꾸어 드립니다.
• 값은 뒤표지에 있습니다.